ちくま文庫

裸はいつから恥ずかしくなったか

「裸体」の日本近代史

中野明

筑摩書房

目次

裸はいつから恥ずかしくなったか——「裸体」の日本近代史

序章　下田公衆浴場

百五十年前の混浴図

現代の日本人には共通する裸体観がある。たとえば、公衆の面前で裸体をさらすのは不道徳である、というのもそのひとつである。また、他人に自分の裸体を見られると恥ずかしい、という気持ち、すなわち羞恥の感情が自然と起こるのもその一例である。さらに、異性の裸体から強い性的メッセージを感じ取る。つまり異性の裸体とセックスを結びつけてしまう傾向が強い。これも現代の日本人の裸体観の一般的特徴と言えよう。

では、こうした裸体に対する常識的な頭で図序－1を見てもらいたい。この絵のタイトルは「下田の公衆浴場」という。今から百五十数年前の一八五四（安政元）[1]年に描かれた。しばしば取り上げられる絵なので、見たことがあるという人も多いはずである。

しかし、見れば見るほど不思議な絵である。

SIMODA.

図序－1　下田の公衆浴場

公衆浴場の中には、入浴者が全部で二十二人いる。男性が九名、女性が十名である。性別を判別できない人物が三名いる。入浴者はおおよそ四つのグループに分かれている。まず、画面右奥には、女性五名の群れがある。幅広の木桶だろうか、その周りに四名がしゃがみ、桶を持った一人だけがきりりと立つ。その足下の女は、膝をなかば開いて下腹部を見つめる。右手の女性がその様子を横目で覗きながら何か語っているかのようにも見える。

一方、画面中央部では、四名の男性と五名の女性が溝を境に入り交じっている。右端の男は桶を持って立ち上がり、画面の外へと出て行く様子である。床に桶を置きしゃがもうとする男、桶に手を入れて足を半ばのばしている男もいる。このグループの中で最も目立っているのが、最前列でしゃがむグラマーな女性である。足を抱え込み、布状のものですねの辺りを拭っているようである。その背後には、背を向けてしゃがむ女や、正座する女、半ば立ち上がる女がいる。

建物の奥に視線を移すと、どういうわけか破風《はふ》をもつ建造物が目に入る。破風とは、屋根の妻側に取り付けられた山形の板やその付属物の総称である。破風の下部は内側への入り口になっているようである。その中へ髷結いの男がかがみながら入ろうとしている。さらに三名は入り口の中に入った後の状態で尻と足だけが見えている。そのため性別は判然としない。

最後のグループは、画面左手の脱衣場とおぼしき場所にいる一群である。右手の男は床に尻をつき、洗い場の方をぼんやり眺めている。またその横の男は、前を隠すこともなく洗い場に向かって腕組みしている。脱衣棚の前では、風呂から上がるところなのか、これから入浴するところなのか不明ながら、裸の男が着物を着た男と雑談を交わしている。

以上がこの絵の概観である。絵のタイトルが示すように、これは公衆浴場、すなわち関東風に言うならば湯屋か銭湯、関西風に言うと風呂屋を描いたものである。そして、現在の我々が街の銭湯とか、あるいはスーパー銭湯などを想起する時、この絵とのギャップの大きさにショックを受ける。

まず、公衆浴場なのに男女混浴だということである。しかも、男女ともに異性の前で裸体をさらすことに何の恥じらいもない。脱衣場を背に腕組みする男の堂々とした態度など、その典型と言えよう。また、現代の混浴温泉にありがちな、あわよくば女性の裸をこの眼に焼き付けてやろうという、男性陣のさもしさは微塵も感じられない。男性の視線を意識しつつ見えそうで見えない程度に裸体を誇示する女性もいない。互いに会話を交わしている人物を別にすると、いずれも自分の世界に浸っているかの様子である。相手の裸体をじろじろ眺める者は皆無である。視線は宙を舞う。障害物として他人の裸体があったとしても、視線が肉体上で止まることはない。それは肉体を通り越す。

しかし、現代の常識では考えられないこの裸体に対する無関心は何なのか。いまから約百五十年前とはいえ、こんな世界が本当にこの日本に存在したのだろうか。

下田公衆浴場図の由来

右にふれた絵（以後、下田公衆浴場図と呼ぶ）は、一八五四（安政元）年に描かれたと先に書いた。この年代にピンとくる人もいるはずである。実はこの前年に、アメリカ合衆国大統領フィルモアからの親書を携えたペリー艦隊が日本に来航し、久里浜に上陸している。そして五四年二月（西暦月、以下同様）、ペリーはこの親書に対する返事を受け取りに、再び日本へやってくる。その結果この年に、日本とアメリカの間で日米和親条約が締結される。

日本を離れて本国に戻ったペリーは、日本遠征の記録を公式文書として合衆国政府に提出した。『合衆国海軍提督M・C・ペリーの指揮下における一八五二年、一八五三年および一八五四年に実施した中国海および日本へのアメリカ艦隊遠征記』[2]という、大変長いタイトルの報告書がそれである（以後『ペリー艦隊日本遠征記』と呼ぶ）。この報告書はA4で数十ページなどといった簡単な体裁のものではない。サイズこそA4を一回り大きくしたものながら、全三巻からなり各巻のページ数は四百ページを超えるという代物である。また、この報告書はテキストのみではなく、多数の図版も添付されている。

実はその中の一枚が、先に掲げた下田公衆浴場図に他ならない。

絵の作者もわかっている。ドイツ人画家ヴィルヘルム・ハイネである。ハイネは、一八二七年にドイツのドレスデンに生まれ、長じてドレスデンの王立芸術学院で学んだ。ドレスデン蜂起に参加するも、革命に挫折して一八四九年にアメリカへ移住する。画才が認められたハイネは、外交官という肩書きで中央アメリカに派遣され、現地の風土や原住民を写生している。そして、ペリーの日本遠征に随行画家として同行することになったのである。

図序－2　プロイセン遣日使節団

当時の海外遠征隊は、現地の記録を取るのに画家を同伴するのがならわしになっていた。そんな彼らのことを随行画家と呼ぶ。しかも、ハイネは随行画家として三度も日本にやってきている。一度目と二度目がペリー艦隊の一員、三度目は一八六〇年にプロイセンが派遣した遣日使節団の一員としてである。図序－2はそのときの使節団一行を描いたものである[3]。中段左端にいるあごひげをはやし半ば夢見る様子で首をかしげているのがヴィルヘルム・ハイネである。

ペリー艦隊の主力随行画家として活躍したハイネが、その日本遠征で持ち帰ったスケッチ画は四百枚にも及んだという。そこで再び、ハイネが描き、ペリーの公式報告書に掲載された下田公衆浴場図を見てもらいたい。この絵をじっくり眺めると、すでに何度も見たという人も含め多くの人が、改めて一種の奇妙さとある種の居心地の悪さを覚えるに違いない。そして、次のような思いを強くするはずである。このハイネの絵は、幕末当時の公衆浴場、すなわちいまでいう銭湯を本当に正確に描写したものなのか、と。

公共の場である浴場で、男女混浴がこうも堂々と行われている光景は、現代の常識では考えられない、まるで別世界での出来事のように映る。つまり、現代の常識に照らせば、いくら今から百五十年前の江戸時代だとはいえ、公衆浴場での混浴は日本ではあり得ない――。直観的に考えると、このような結論に達するのが一般的だと思う。

では、もう少し論理的に考えてみよう。現代では公衆浴場法および各都道府県の条例により、公衆浴場での混浴は原則禁止されている。そのため、仮に現代の銭湯で、ハイネが描いたような行為が堂々と行われたならば、銭湯の亭主の手が後ろに回るのは必至である。一方、幕末当時に現代のような法規があるはずもない。しかし江戸時代といえば、「男女七歳にして席をおなじうせず」という有名な言葉があるように、物心がついて以来結婚するまで、家族以外の女性と口をきいたことのない武士もいた。要するに江戸時代は、混浴どころか、武士では男女が言葉すら交わすことも憚られた時代、男女の別が厳しく問われた時代ではなかったか。そんな時代に、これほど開放的に混浴が行われていたなど、とうてい考えられない、という結論に達する。これが下田公衆浴場図に対して、やや論理的に考察した際の一般的な帰結ではないか。

この絵は事実を描いているのか？

そうすると、にわかに次のような推測が頭をもたげてくる。下田公衆浴場図は、合衆国政府に提出された公式報告書に添付されたものだから、ハイネがまったくの想像でこの絵を描いたとは考えにくい。何らかの事実を根拠にしたとみるべきである。してみると、どこか特殊な浴場、たとえば廓《くるわ》などに併設する風呂を、公衆浴場として描いたとも考えられよう。

下田公衆浴場図に対して一旦このような疑問をもつと、描かれた光景の不自然さが次々と気になってくる。再度絵を注意深く見ると、混浴はさておき、公衆浴場といいながら、あるはずのものがない。そもそも、浴場にとって最も肝心な浴槽が見あたらない。これでは公衆浴場の体をなしていないと言わざるを得ない。また、画面奥にある破風をもつ建造物は一体何を意味しているのか。玄関ならいざ知らず、そもそも公衆浴場の中になぜこのような造作が必要なのか。

また百歩ゆずって、ハイネが一般的な公衆浴場を描いたとしよう。しかし、下田で混浴だからといって日本全国でもそうだったとは限らない。さらに百歩ゆずって、混浴が当時の日本全国で日常的に行われていたとすると、別の思いが頭をよぎる。下田公衆浴場図に描かれた入浴者は、異性の裸をまったく意識していない。とすると、当時の日本人は、裸に対する意識が現代とはまったく異なっていたのではないかという疑いである。しかし、そんなことが現実にあり得るのだろうか。

本書では、下田公衆浴場図を出発点に、これらの疑問についてじっくり考えたい。その上で、公衆の面前で裸体をさらすことが不道徳だとする現代の日本人の常識が、いかに形成されたのかを明らかにする。

第1章　この国に羞恥心はないのか⁉

〜ペリー一行らが見た混浴ニッポン〜

下田を闊歩するアメリカ人

ペリー艦隊が一八五三（嘉永六）年に日本を一旦去り、再び浦賀沖に姿を現したのは一八五四（嘉永七）年二月十三日のことである。幕府は、林大学頭らを全権とした一行を派遣し、三月三十一日に、アメリカ船の寄港や物資の買入などを取り決めた神奈川条約を横浜で結ぶ。現在、横浜開港資料館が建っているあたりが、この条約が締結された場所だといわれる。

この条約は全十二条からなり、「日米が永世の和親を取り結ぶこと」「アメリカ船のために下田と箱館（函館）を開港すること」「特に下田については本条約調印後、即座に開港すること」「米国人漂流民があった場合、下田や箱館に保護すること」などが取り決められた。そして、開港場に決まった下田と箱館では、それぞれの現地をアメリカ側が視察した上で、使用上の細かい条件について取り決めることになった。

ペリー艦隊の各艦は、四月半ばに相前後して江戸湾から下田に向かった。ペリーが乗る旗艦ポーハタン号は、ミシシッピー号を率いて四月十八日午前四時に出航し、その日の午後三時十分に下田港に投錨した。「三時ごろ下田港に到着。変化に富んだ景色と海岸の絵のような美しさに、一同嘆声を発したものだ[1]」。下田の第一印象をこう記したのは首席通訳官サミュエル・ウィリアムズである。

四週間ほど下田に滞在したペリー一行は、五月十三日に下田を離れて箱館に向かう。さらに、箱館から再び下田に上陸するのは六月八日のことである。そしてその後、開港地の遊歩範囲や為替レートなど、神奈川条約の細目を取り決めるための交渉が行われ、六月二十日に下田条約が締結される。これら二つの条約をあわせて日米和親条約と言う。さらに一週間ほど下田に滞在したペリーは下田を出航し、再び日本本土の土を踏むことはなかった。

下田における都合約一月半の滞在中、アメリカ船の船員は、幕府の役人による監視はあったものの、下田の街を散策することができた。買い物を楽しむ者や鳥類の標本を集めるために狩猟に出掛ける者もいた。ペリー艦隊の一翼ミシシッピー号に乗船していた士官ウィレット・スポルディングは、下田の街でショッピングを楽しんだ一人である。スポルディングは次のように記す。「何か欲しい物を指さして、『いくら（ハウ・マッチ）?』と尋ねる。すると店主は『はう・まっち?』と繰り返すが、この時彼は頭の中で計算して、おもむろに片手または両手の指を出す。指一本が百文に相当する。千二百文が一ドル相当だ」。下田の商人は、初めて見る外国人が言うことをちゃんと理解していたようである。ただし、「買い物が終わっても、店主には金を支払わない。その代わり、商品には購入者の名前が付けられ、その購買記録は御用所（gayoshio）の役人に送られ、税金が上乗せされ総計を支払う(2)」。どうやら買い物するのも一苦労だったようである。

記録された下田の公衆浴場

三々五々下田の街を散策するペリー艦隊の士官だが、ここで彼らが目撃し、仰天したのが、他ならぬ公衆浴場の風景である。『ペリー艦隊日本遠征記』では「人々は皆非常に礼儀正しく控えめである。しかし驚くべき習慣を持っている。ある公衆浴場での光景だが、男女が無分別に入り乱れて、互いの裸体を気にしないでいる」と記す。そして、下田の住民に対して非常に良い印象をもっていたアメリカ人にとって、この公衆浴場での習慣は理解し難いと書く。「おそらくこの習慣は、日本全国で広く行われているわけではないだろう。実際、我々の近くにいた日本人もそう言っていた」と、一応日本の立場に配慮する。しかし、「身分の低い日本人は、道徳こそ他の東洋諸国より優れているものの、淫猥な人たちだ」と断定する。

さらに混浴への非難は、春画や艶本の攻撃へとエスカレートする。そして、日本人は淫猥であるばかりか、人の道をはずれた恥ずべき人たちだと結論づける。「この入浴光景を別にしても、目を覆いたくなるような猥褻な図画が載る大衆文学が多数存在する。これらは淫乱の情を促すもので、現実に特定の階層で読まれており、胸が悪くなるほど度が過ぎているばかりか、人が汚らしく堕落したことを示す恥ずべき烙印でもある」(3)。このようにアメリカ人は、我々日本人に対して極めて辛辣な見方をしている。しかも以上の文言が、公式記録に掲載されたのだから、この事実は重い。そしてこの痛烈な批判とともに掲載されているのが冒頭に紹介したハイネの下田公衆浴場図である。

ところで、この報告書はペリー自身が執筆したものではない。ペリーの依頼により歴史家フランシス・ホークスが執筆したものである。ホークスはペリーが提出した書簡や日誌をはじめ、参謀長アダムズ中佐、提督副官コンティー大尉その他の日誌に基づいて、ペリー監修のもと編纂・執筆した。完成した報告書は一巻目が遠征に関する記録本文、二巻目が博物関係、三巻目が天体観測図という内容になっている。下田公衆浴場図が掲載されたのは第一巻目である。

ショッピングを楽しんだミシシッピー号士官スポルディングも自身の手記の中で、下田で見た混浴について記している。「日本人の宗教は、その信仰者に身体を清潔にするよう命じる。しかし、ここで行われている嫌悪すべき不道徳な習慣からは目をそらすことはできない。下田の公衆浴場では、全年齢にわたる男女が無差別に混浴しているのである(4)」。文章自体は簡潔ながら、混浴を嫌悪すべき不道徳な習慣だと、『ペリー艦隊日本遠征記』の記述と同様の調子で語る。

これらにも増して、日本人のモラル欠如について強硬に指弾したのは、通訳官サミュエル・ウィリアムズである。ウィリアムズは五月九日の記述で、「私が見聞した異教徒諸国の中では、この国が一番淫《みだ》らかと思われた。体験したところから判断すると、慎しみを知らないといっても過言ではない」と記している。そして、日本人が最も淫らである理由を次々と列挙する。「婦人たちは胸を隠そうとはしないし、歩くたびに太股まで覗かせる。男は男で、前をほんの半端なぼろで隠しただけで出歩き、その着装具合を別に気にもとめていない」。ウィリアムズが記す前を隠した半端なぼろとは「ふんどし」のことであろう。非難はさらに続く。「裸体の姿は男女共に街頭に見られ、世間体などはおかまいなしに、等しく混浴の銭湯へ通っている。淫らな身ぶりとか、春画とか、猥談などは、庶民の下劣な行為や想念の表現としてここでは日常茶飯事であり、胸を悪くさせるほど度を過ごしている(5)」。

ウィリアムズが語気強く糾弾するのも無理からぬことである。彼はプロテスタントの宣教師である。日本遠征の前にはマカオにいたが、それも宣教の一環であった。強硬なプロテスタント宣教師からすると、胸を隠そうとしない女に半端なぼろで前を隠しただけの男が街にあふれ、彼らが混浴の銭湯に通うという実態は、許し難い情景だったのであろう。

ところで、右のウィリアムズの翻訳文に「銭湯」という言葉が出てきた。この銭湯という語が、実は用法として非常に紛らわしい。銭湯とは湯銭《ゆせん》を払って入る風呂である。伊勢の与市という人物が銭湯風呂を始めたのが、江戸での銭湯の始まりといわれている。一五九一(天正十九)年のことである。ただし、伊勢の与市の銭湯風呂は、蒸し風呂だったと考えられている。そもそも古来「フロ」という語は、蒸気浴や熱気浴を意味した。一方、「湯」の読みである「ユ」は、水浴や温浴を意味する。つまり「フロ」と「ユ」は異なる入浴方法であり、時代を経て同義となる。

江戸の銭湯風呂が「洗湯《せんとう》」、すなわち湯につかる様式になるのは江戸時代もずいぶんたってからのことである。また、江戸では「洗湯」を「湯屋」というのが一般的であった。読みも「ゆうや」と発音する。(6) となると、銭湯は蒸し風呂で、湯を使うのが湯屋だったのかという疑問が起こる。それがやがて「フロ」と「ユ」のように同義化したのであろうか。

下田在住の郷土史家土橋一徳氏によると、従来下田では公衆浴場のことを江戸風に「ゆうや」と呼んできたという。土橋氏の指摘に従うと、下田の公衆浴場は本来、銭湯と呼ぶよりも湯屋と呼ぶ方が適切なようにも思える。とはいえ、現代ではスーパー銭湯という言葉にも見られるように、湯屋よりも銭湯の方が一般的な言葉であろう。以上を念頭に、以下本書でも公衆浴場の言い換えとして、湯屋ではなく銭湯という語を用いる場合がある。

ローマ風の下田公衆浴場

ペリー艦隊来航の翌一八五五（安政二）年、米艦ヴィンセンス号の士官として下田に上陸したアレクサンダー・ハバーシャムも、下田の公衆浴場を目撃した一人である。「放蕩と破廉恥は日本という国に広く行き渡っている」と、日本の習慣に憤慨するハバーシャムは、「半分しか文明化されていない東洋人」だから仕方がないものの、「こと中流および下流の人々には、貞節さは皆無かあっても少ししかない」と指摘し、その理由について混浴を掲げる。

「彼らの行為に関する限り、日本の女性は見知らぬ人と交わるという、中国人さえしないことを平気でする。乱痴気なことに彼女たちは公衆浴場で異性と一緒に風呂に入るのである。下田という小さな街にでも、公衆浴場が四軒ある。そこで人々は、極めて熱い湯をたたえた大きな浴槽につかり、浴槽から伸びた腰掛けに座り熱い蒸気に身をさらす。その後、浴槽の外に出てきて手桶の冷たい水を十二、三度もかぶり入浴を締めくくる」

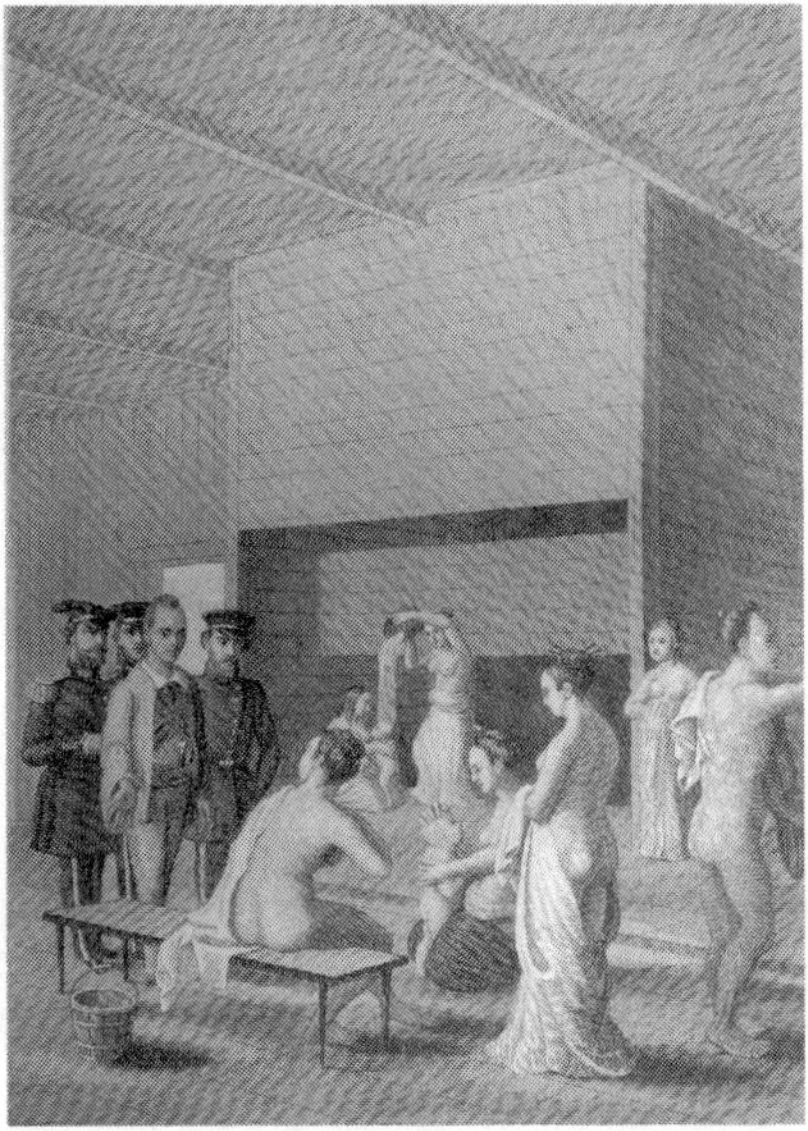

図1－1　『マイ・ラスト・クルーズ』の下田公衆浴場

さらにハバーシャムは日本人の入浴習慣について次のように記す。「マレーシアや南洋の島国、回教の人々を除くと、私が見た中で日本人が最も清潔である。もっとも、彼らは不必要に清潔にするわけではない。彼らがそれほど入浴するのは健康のためでもある。また、彼らの感性が有するまぎれもない悪行や不純を純粋なものにしようと執心しているかのようにも思える」[7]。とはいえ、身体を洗い流したからといって、日本人の貞節のなさを水に流すことはできない、とハバーシャムは言いたいのだろう。

ハバーシャムがこの見聞を掲載した著書『マイ・ラスト・クルーズ』には、下田の公衆浴場のシーンが絵入りで紹介されている（図1－1）。この図版を見た人は、おそらくハイネのもの以上に違和感を覚えるに違いない。描かれた六名の女性は、ギリシア・ローマ風の彫像のようである。はっきりとした目鼻立ち、豊満な胸部と臀部は、とうてい日本人らしくない。また、腰に巻いている衣服も着物というよりもローブのように見える。画面奥には、子供にお湯をかける女性がいるが、そのしぐさもどこか西洋風に思えるのは気のせいか。

また、一番右手には裸の男性が一名、上着を肩にかけているが、筋骨隆々としたこの男性もどことなく日本人離れしている。日本人離れしていると言えば、外国人三名に交じり、長椅子に腰掛けた女性に語りかけているサムライらしき人物も同様である。顔立ちもさることながら、衣服もどこか西洋的である。振り向く女性、子をあやす女、それを見つめる女性。瞬間時が止まったかのような静寂といい、人形のような人物たちといい、どこかポール・デルボーのシュールレアリスム絵画をほうふつとさせる。一方、建物に目を移すと、全面板張りで、奥に箱形の枠組みがある点が大きな特徴になっている。ハイネの絵と同様、天井は非常に高い。また、床は正方形のタイル状で、中央に溝が走っている。これらの点はハイネの作品と類似する。

日米修好通商条約と混浴

一八五八（安政五）年七月、初代駐日アメリカ総領事タウンゼント・ハリスは、幕府と日米修好通商条約の締結に成功する。ハリスが日本に上陸してからほぼ二年の歳月が経っていた。この条約は同月二十九日に、神奈川沖に停泊していたポーハタン号船上にて結ばれた。この時に、海軍大尉ジェームス・ジョンストンという人物が、同船副艦長として乗船していた。彼も下田の混浴を目にして大きな衝撃を受けている。

条約を締結した翌三十日、神奈川沖から戻ったジョンストン副艦長は、下田に上陸して街を散策していた。その時のことである。「仲間に呼ばれて行ってみると、そこはこの国の中でも特に奇妙な施設である公衆浴場だった。窓から中を覗くと、私の神経は恐ろしい衝撃を受けた。というのも、眼前には完璧に理解不能な光景が繰り広げられていたからである。多様な年齢の男性、女性、子供が一緒に混ざり合って入浴しているのである。もちろん全員、いちじくの葉を取り去ったアダムとイヴの格好をしている」。

ジョンストン副艦長は「恐ろしい衝撃」を受けながらも、下田の公衆浴場の様子や入浴方法など、比較的詳細に記録する。浴場は四・五メートル四方で、両側には熱いお湯のはった大きな木製の槽があったという。また、「床は中央部に向かって傾いており、そこには余分なお湯を流す小さな溝が付いている」。ジョンストン副艦長が、ハイネの下田公衆浴場図と同じ浴場を見たのかどうかは定かではないが、「お湯を流す小さな溝」とは、同図の中央を走る溝と同等のものを指しているのであろう。浴場にはだいたい十二名の入浴者がおり、その多くは女性だった。ある者は立ち、またある者は床に座り、「いずれもが小さな桶を手にして熱い湯を精力的に頭からかけ」、そのしぶきが辺りに飛んでいた。「裸で優しい母親が幼児の身体を洗ってもいる」様子がうかがえる。

しかし、冷静に中の様子を観察するジョンストン副艦長も、やがてそれに耐えられなくなる。「入浴者の中には、体型も良く美しいうら若き女性が幾人か認められ、彼女たちにはもちろん女性としての貞淑さが期待される。しかし、自然の美に対する水夫達の好奇の眼にさらされながら、彼女たちは肉体の下品なる露出という不道徳にまったくもって無関心でいる」。そしてこれら日本人に対して、「本来の薄い衣服としての肉体を隠すことが礼儀作法だということをまだ理解していない」と判断する。その上で、とうとう心中を吐露する。「奇妙な人たちだ！　私の遠征の中でかつてこれほど醜い光景を見たことはない。女性の貞節に関して私が以前から持っていた見解への衝撃は、容易に収まりはしなかった」。そしてジョンストン副艦長は、「利口だが嫌悪すべき人間のいるこの異常な光景(8)」から立ち去っていく。まさにショックのあまり、足をもつれさせていたのではないか、とさえ感じる記述である。

余談ではあるが、幕府は一八六〇（万延元）年に、日米修好通商条約の批准書を交換するため、アメリカに使節団を派遣している。いわゆる万延元年の遣米使節団である。この使節団の派遣に際し、幕府はアメリカに対して、渡航のための船舶を用意して欲しいと交渉する。幕府の申し出に対してアメリカ政府は、ジェームス・ジョンストン副艦長が乗るポーハタン号を用意した。そしてポーハタン号は、正使新見《しんみ》正興《まさおき》、副使村垣範《のり》正《まさ》、監察小栗忠順《ただまさ》を筆頭とする遣米使節団を無事サンフランシスコに送り届けている。この時、ポーハタン号とは別に日本人乗組員主体でサンフランシスコに向かったのが、軍艦奉行木村喜毅《よしたけ》、副艦長格の勝海舟《かいしゅう》らを筆頭にした咸臨丸である。

入浴に対する外国人の偏見

それはともかく、幕末に来日した外国人は、日本の混浴風景を目撃して大いに驚嘆した。その驚きがいかばかりだったかを知るには、当時の外国人、中でも西洋人の常識について理解しておくべきであろう。

まず、裸体に対する考え方である。たとえば当時のイギリスの場合、厳しい社会規範とお上品さをモットーとするヴィクトリア時代のまっただ中である。この時代、裸体を人目にさらすなど非常識もはなはだしかった。たとえば、「初めて見る新妻の恥毛に腰を抜かした」という男や、「ピアノの足に小さいスカートを巻き付けて、その曲線を隠した」という婦人がこの時代には存在したともいわれる(9)。それほど裸体は社会的禁忌として認識されていた。またイギリス同様、プロテスタントの多いアメリカでも事情はそう変わらなかった。そんな彼らが、裸体ばかりか男女が一緒に入浴する様子を目撃したのだから、驚かないはずがない。

加えてこの入浴というものに対する西洋人の考え方も、当時の日本と全く異なってい
た。古くはヨーロッパでも頻繁にお湯につかっていた。混浴も見られた。ところが、中世の末期からペストが猛威をふるうと、「熱と水のために皮膚に裂け目が生じ、そこからペストが身体内に滑りこむ[10]」という迷信がはびこる。このためたくさんあった街の風呂屋は一気にすたれてしまう。加えて、入浴は体力を低下させるとも信じられるようになり、「めったにおこなわれない習慣」になる。「一八世紀末のカトリック諸国では、たいていの女性が一度も入浴することなく死んだ[11]」という、信じられない指摘もある。そしてこうした偏見は、日本が幕末の頃にも根強く残っていた。一八九七年になってもフランス女性は、一生に一度も風呂に入らなかったともいう。

では、彼らはいったいどのようにして清潔な身体を維持していたのか。答えは乾いた布で身体を拭くこと、それに清潔な下着である。こうしていれば、入浴をしなくても大丈夫という考えだった。明治政府のお雇い外国人で言語学を専門にしたバジル・ホール・チェンバレンは次のように書く。「ヨーロッパ人の中には日本人のやり方のあらを探そうとして、『日本人は風呂へ入ってから上ると、また汚ない着物を着る』と言うものがいる。なるほど旧派の日本人には、毎日下着を更えるヨーロッパの完全なやり方などはない。しかし、下層階級の人でも、身体はいつも洗って、ごしごしこするから、彼らの着物は、外部は埃で汚れていようとも、内部がたいそう汚ないということは、とて

図1－2　軍隊の士気を高める灌水

も想像できないのである」[12]。頻繁に入浴して汚れた服を着るのか、入浴せずに下着だけ着替えるのか、いずれが清潔なのだろうか。

もっとも十九世紀になると、ヨーロッパ人の入浴に対する考え方も微妙に変わってきた。身体の洗浄に「水の動きを利用すべきだという意見」[13]が強くなってくるのである。こうして、水浴施設すなわちプールが川に作られたり、シャワーが考案されたりする。これによりフランスの兵士は、かつて「一年のうち八ヶ月を体の表面に一滴の水もつけることなく過ごし」ていたが、「一八八九年、一ヶ月に二度、兵士は灌水が可能に[14]」なった。その灌水の様子を示したのが図1－2である。こうして、彼らは身体を水で洗う習慣を再び身につけるようになる。しかし、それはお湯を使うのではなくあくまでも水浴であった。

日本人にとって、外国人が水を浴びる習慣、特に寒い時期の水浴は非常に奇妙に映ったようである。「日本人は、私が冷水を浴びるのを見て、たいへん驚いている。ことに、今朝のように寒暖計が五十六度を示しているときに」[15]。こう記したのは日米修好通商条約の締結に尽力したあのタウンゼント・ハリスである。ハリスの言う温度の単位は華氏だから、摂氏では十三・三度になる。下田だと三月頃の気温であろうか。筆者が住む神戸だと四月上旬の一日の最高気温でもこの程度の時がある。厳寒とは言えないものの、花冷えするこの時期、水浴びするにはちと寒い。

逆に外国人にとって、熱い湯につかる日本人の姿は極めて奇妙に映った。また、健康にも極めて悪いと考えた。幕末に西洋医学を日本に伝授したオランダ海軍軍医ポンペ・ファン・メールデルフォールトは、日本人の入浴の弊害として、入浴の度数が過ぎること、湯が熱過ぎること、入浴時間が長過ぎることを指摘している。「その温度はときとして手がつけられぬほどの高温であることもある。摂氏五十度というのはざらにあることで、ときにはそれ以上のことすらある。日本人が風呂から出るところを見ると、ちょうどゆでた蝦のようである。日本人はこのお湯の中に十五分から三十分くらい入っている」[16]。摂氏五十度は少々熱過ぎのように思うが、このように当時の外国人は、男女が混浴するという日本人の倫理面ばかりか、熱い湯につかるというその入浴習慣にも大いに驚いたのである。

裸体を気にしない日本人

下田公衆浴場図を描いたあのハイネも、熱い湯につかる日本人についてポンペ以上に驚いた。「住民は毎日水浴する。裕福な人は内湯があるが、貧しい人は公衆浴場へ行く。全員、すこぶる温かい湯、正しく言えば熱湯につかるのである。それゆえ、彼らの皮膚はザラザラと荒れている」。そして、日本人が内湯すなわち風呂桶で入浴する様子を観察したハイネは、「この時は驚愕のあまり茫然としてしまった」と語る。

「初めの瞬間は、彼が何をしているのか推測もできなかった。まず、大きな木製の、湯の入った盥《たらい》に坐っている。湯気が立ちこめ、身体はまるでゆでた蟹のようであった。盥の下には火が焚かれており、もう一人の男がかいがいしく焚きつけていた」。そしてハイネは、風呂に入る人物を「西洋の中世以前の聖人の殉教のよう」と比喩した上で、「私は一分間も手をその中に入れられないほどだった。あるいは煮られている人といった方がよい[17]」と記している。初めて見た風呂桶による入浴は、ハイネにとってあたかも拷問のように見えた。にもかかわらず日本人は、身体を蟹のように赤くしながらも平然と入浴している。この様子にハイネは大きな衝撃を受けている。

時代は下るが、明治時代にもハイネと同様の感想を記した人物がいる。鉱山および冶金の技師として明治政府から招かれ、一八七三（明治六）年から八五（明治十八）年まで日本で過ごしたドイツ人クルト・ネットーである。ポンペよりも控えめに「日本人は約四十五度の湯に入ります」と記すネットーは、日本人の入浴をやはり殉教者にたとえ「この温度は欧州人には初期キリスト教徒の迫害時代を思い出させます[18]」と記す。外国人にとって、熱い湯につかるという習慣は、奇妙をとおり越して余程恐ろしいものに映ったのであろう。

話をハイネに戻そう。熱湯につかる習慣にも増してハイネが驚いたことがある。それは湯に入っていた男が、ハイネがいることも気にせずに風呂桶から丸裸で出ると、一向に恥ずかしがることなく身体を手拭いで拭き始めたことである。「この湯浴みの男は、すっかり好い気分になっているようで、私がいても一向に恥ずかしがらなかった。なぜなら、身体を洗い終わると、彼は丸裸で出てきて、全身を乾いた手拭でこすっていたからである[19]」。つまり、奇妙な木製のたらい（風呂桶）にためた熱湯に身体を沈める入浴方法、そして裸体を人に見せても全く動じない日本人、ハイネはこの二点に大きな驚きを覚えたのである。

次に下田の公衆浴場を目撃した際のハイネの所感を確認しておこう。「この浴槽は多くの人々が次から次へと利用している。浴場それ自体が共同利用で、そこでは老若男女、子供を問わず混じり合ってごそごそとうごめき合っているのである」。混浴に関するハイネの記述はこれだけで、いたって簡潔である。風呂桶で入浴する人のことを「聖人の殉教」のようだと仰天したハイネだが、混浴については他の観察者が語ったような、嫌

図1－3　もうひとつの下田公衆浴場図

悪すべきだとか不道徳だとかという言葉は見あたらない。

その一方で、内湯を目撃した時と同様、裸体を気にしない人々には驚きを隠さない。「また外人が入って来ても、この裸ん坊は一向に驚かないし、せいぜい冗談混じりに大声をあげるくらいだった。この大声は、私が察するには、外人が一人入ってきたので、一人二人の女性の浴客があわてて湯船に飛び込んで水をはねかしたり、あるいは、しゃがみ込んだ姿勢で、メディチ家のヴィーナスよろしく手で前を隠すポーズをとったりしたからであるらしかった」[20]。外国人の侵入にも日本人は冗談混じりの大声を上げている程度でまったく驚かないとハイネは言うのである。これには当の本人の方が仰天してしまった。

ところで右に引用した文章は、ハイネが著したペリー艦隊での日本遠征記録である『ハイネ世界周航日本への旅』からのものである。実はこの書籍の中にも『ペリー艦隊日本遠征記』と同様、下田公衆浴場図が収録されている（図1－3）。この図を序章の図序－1と比較してもらいたい。一見同じ絵に見えるのだが、細部を見ると微妙な違いに気づく。

まず、全体だが、『ペリー艦隊日本遠征記』の絵の方が硬いイメージなのに対して、『ハイネ世界周航日本への旅』の絵は柔和な感じである。これは版画手法の違いによって生じたものであろうか。また、両図版の人物表現を比較してみると、ハイネ本の方が、女性の目鼻立ちがはっきりとしている。特に最前部の女性、その女性の左手二番目にいる女性がその特徴を如実に示している。日本人というよりも西洋人の女性をほうふつとさせる。また間違い探しではないけれど、明らかに両者で異なる個所がある。一番奥の右端にいる人物がそれである。ペリー本では女性なのに、ハイネ本では男性になってしまっている。これは両図の製版者が異なるために起きた事故であろう。

それはともかく、我々は、外国人による下田公衆浴場に関する記述について見てきたわけだが、ここで注目すべきは公衆浴場を目撃した外国人に共通する記述である。

「全年齢にわたる男女が無差別に混浴している」（スポルディング）
「多様な年齢の男性、女性、子供が一緒に混ざり合って」（ジョンストン）
「裸で優しい母親が幼児の身体を洗ってもいる」（ジョンストン）

「老若男女、子供を問わず混じり合ってごそごそとうごめき合っている」（ハイネ）

これらに加えて、ハバーシャム本の挿入画では、子供に湯をかける女性や子供の肩をもちその頭をなでる女性が描かれている点も指摘しておきたい。

当初は、ハイネの絵が一般的な公衆浴場ではなく、どこか特殊な場所の浴場を描いたものではないかというひとつの疑いをもった。しかし、以上の証言から下田の公衆浴場が文字どおり公衆のための浴場であり、決して廓などに併設された特殊な浴場ではなかったということが明らかになる。このようにハイネは、普通の人がはいる、極めて日常的な場所としての、下田の公衆浴場を描いたのである。

破風をもつ建造物の謎

さらに、ハイネの絵が公衆浴場なのに大浴槽が描かれていないという点についても種明かしをしておかなければならない。実は大浴槽が描かれていなくて当然なのである。再度、ハイネが描いた破風をもつ建造物を見てもらいたい。ハバーシャム本の絵では板張りの箱状のものとして描かれている部分である。この建造物を石榴口《ざくろぐち》(21)と呼ぶ。そしてこの石榴口の奥に浴槽があった。建造物の奥に隠れているため、絵には描かれなくて当然なのである。

比較のために、日本人の手による当時の石榴口を描いた図版を示そう。江戸後期の戯

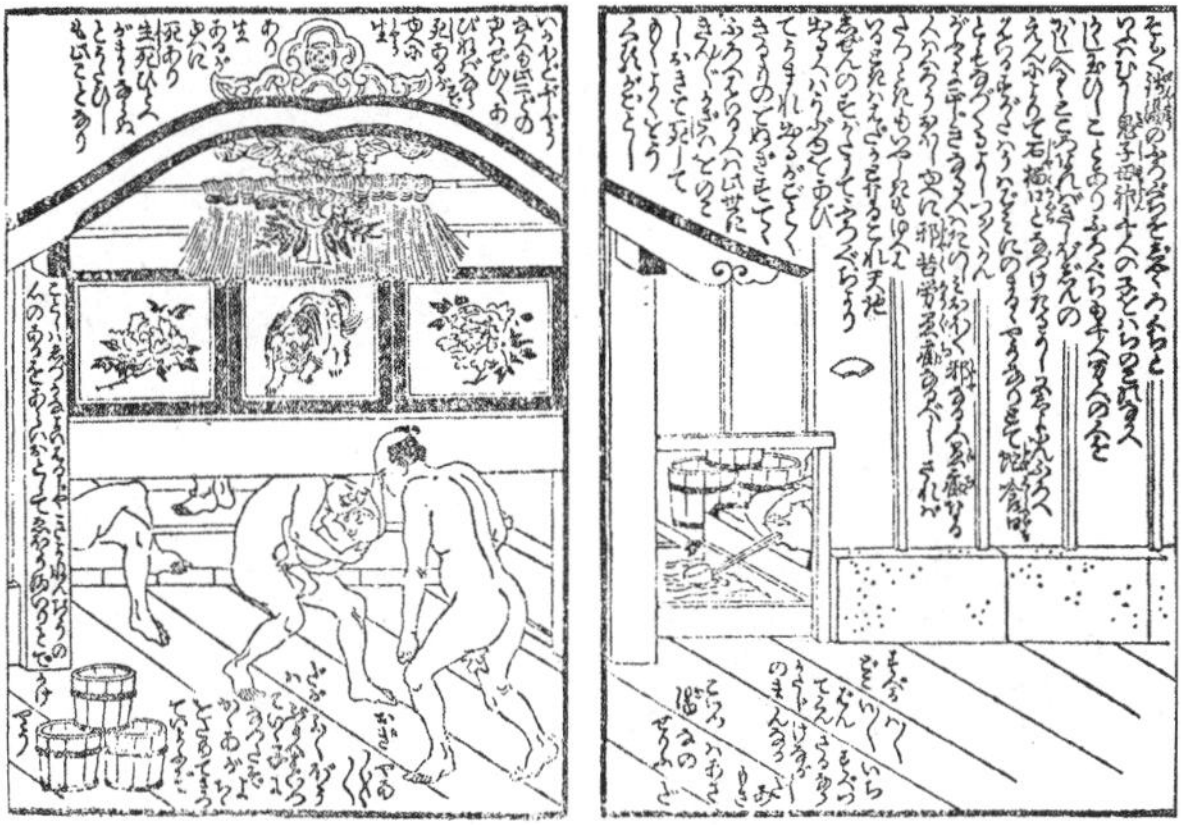

図1－4　『賢愚湊銭湯新話』　挿絵の石榴口

作者で浮世絵師山東京伝が一八〇二（享和二）年に発表した黄表紙『賢愚湊《けんぐいりごみ》銭湯《せんとう》新《しん》話《わ》』の挿絵である（図1－4）。ここで描かれた石榴口はまさに趣向を凝らした破風をもつ。先にもふれたが、破風とは屋根の妻側にある山形の板やその付属物の総称である。

この絵では破風下の板張りには唐獅子牡丹が描かれているのが特徴的だ。また、注連縄が飾られているのは、新年を迎えた時期を描いているからである。石榴口の左側柱に「ことしは静かな良い春じゃ。去年中の心の垢を洗い落として、恵方参りとでかけよう」とある。注目すべきは、唐獅子牡丹が描かれた仕切りの下をしゃがみながら出入りする人物である。右側の髷の男は「すべるはすべるは。どこいどこい」と言

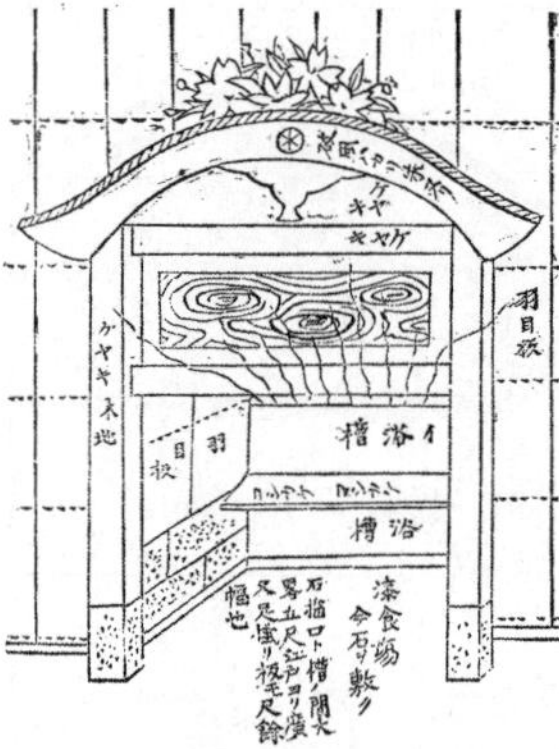

図1－5　上方様式の石榴口

いながら、石榴口をくぐって中に入ろうとする。一方、泣く赤子を抱えた父親は、「だが、ふく坊は風呂へはいっていい子になったぞよ。かかあが乳をためて待っていようぞ」とあやしながら石榴口から出てくる。[22] 明らかに二人は親子である。この父親が語るように両手に抱えられた「ふく坊」は、たったいま風呂につかってきた様子である。

さらにもう一枚、別の絵を示そう（図1－5）。

こちらは、喜田川守貞が天保年間（一八三〇～四四年）から三十年かけて書き上げた、当時の江戸時代の風俗を多数の図版と解説文で紹介したビジュアル百科事典とも言える『守貞謾稿《もりさだまんこう》』（後に別名『類聚《るいじゅう》 近世風俗志』）からとったものである。この図は上方様式の石榴口で、破風だけは朱で塗られ、他の部分は木地のままであった。破風には懸魚《げぎょ》らしきものが付いており、さらにその下には羽目板がはめられ開口部に至る。その奥に「浴槽」と書かれているのがわかる。浴槽から立ち上がる紐状の線は湯気であろう。浴槽の中央部にあるのは「腰掛け」で、『賢愚湊銭湯新話』の挿絵にも、ここに腰掛けて足を組む人物が描かれている。

では、以上二枚の石榴口と先のハイネの絵の部分図（図１－６）とを比較してもらいたい。豪華さでは『賢愚湊銭湯新話』の方が勝るものの、ハイネが描いたものが同種の建造物ということがわかるはずである。破風の形状は『守貞謾稿』のものと極めてよく似ている。破風の上の装飾物もきちんと描かれている。また、石榴口の下部に目をやると、石榴口をくぐろうとする人物が見事に描かれている。さらに、石榴口の内部では、真ん中の人物が「腰掛け」に足を掛けて、何やらまたぐような仕草をしている。左の人物はこの「腰掛け」に両膝をついている様子である。ハイネが描いた先の石榴口をくぐろうとした人物といい、この「腰掛け」といい、ハイネの描いた石榴口は、『賢愚湊銭湯新話』や『守貞謾稿』の挿絵と酷似しているのがわかるであろう。

図1－6　ハイネの描いた石榴口

余談ながら、なぜこの建造物が石榴口と呼ばれるようになったのか、江戸時代にも諸説があってはっきりしない。まず、石榴口に入っていく姿が大蛇に飲まれるようだから、蛇喰口《じゃくらうぐち》と名づけたという説がある。

また、鬼子母神が千人の子を腹の中に隠したことがあり、風呂口も千人万人の人を隠し入れるから、鬼子母神の縁により石榴口になったという説もある。なぜ石榴かというと、鬼子母神は鬼神王の妻で、千人の子供をもっていたという。ところが他人の子供を取って食ったので、仏が鬼子母神最愛の子供を隠し、鬼子母神を悔い改めさせた。この故事から、人肉の味がすると言われる石榴の実を鬼子母神に供えるようになった、という言い伝えがあるからだ。さらに正直な人は楽しみ多く、邪な人や愚痴が絶えない人は苦労が多い。故に邪苦労愚痴に違いないという説もある。以上は『賢愚湊銭湯新話』の中で山東京伝が語る石榴口の由来である。(23)

一方、先の『守貞謾稿』では、石榴口の名の由来について京伝と異なる解釈をしている。「石榴口は、ザクロフロより出た名前で、ザクロフロは、鏡磨きより出た呼び名である」という説である。石榴口の向こうにある湯に入ろうと思うと破風の下を「屈み入る」必要がある。つまり石榴口とは「屈み入る口」と同義になる。ところで、かつて鏡を磨くのに石榴の実の汁を用いた。すなわち鏡鋳る《かがみいい》（鏡を磨く）と屈み入るを掛けて石榴口になったという説明である。辻褄は合うが、これは余りにも出来過ぎた話のように思える。いずれにせよ、石榴口の由来は、現在もはっきりしない。

石榴口の中はどうなっている

図1－7　石榴口の内部

ハイネの絵には描かれていないが、石榴口の内部も見ておきたい。これも絵を示すのが手っ取り早いであろう（図1－7）。『賢愚湊銭湯新話』に掲載されている別の挿絵である。右下隅に桶が見えるので右側の壁が、石榴口の裏側にあたる。文面には「朝湯の身にひりひりとしみるは、このように朝から家業を身にしみろ（身に入れろ）という教えである」という意味のことが書いてある。さらに湯につかる人々の会話をいくつか取り出してみたい。

「一家も一門もない、きなかものでござい。ごめんなさいまし」

「これは強勢《ごうせい》に熱い湯だ。焦熱地獄の銅壺《どうこ》の蓋《ふた》か、不動様の背中ときている」

「ああいい加減な湯じゃ。これがほんの極楽往生、あゝ南無阿弥陀仏南無阿弥陀仏」

「おぬいは涙せきあえず、恋は女子《おなご》の癪の種」
「阿蘇の宮の神主友成とは我が事なり」(24)
皆好き勝手なことをしゃべっている。浴槽内は狭く時間帯によってはここに大勢の人が入った。「混浴雑澡《ざつそう》、頭は陰嚢《いんのう》を搶《つ》き、尻は眉額《びがく》より上り、背は背と軋《きし》り、脚は脚と交る」(25)と、幕末期の儒者寺門静軒《てらかどせいけん》が一八三二（天保三）年から一八三六（天保七）年にかけて刊行した『江戸繁昌記』に記している。

この石榴口の中は暗く、湯気が立ち上って、あたりがはっきり見えなかった。「明治十七、八年頃までは、東京市内の湯屋には、風呂へ入る所が、じゃくろ口といって、絵模様の入口があって、風呂につかるにはソコを潜って入ったもので上り台の板があって、その板へあがって風呂へ（筆者注：身体を）沈めるンですが、ソノじゃくろ口があるため、風呂の中は薄暗がりで、湯気もうもう誰が誰だかわからない。だから義太夫でも清元でも、独々一、トッチリトン、下手糞でも唄って、顔も見られないわけですが、夜分はカンテラが点っていて、薄ぼんやりに、人の顔がわかる程度のものでした」(26)。これは、明治から昭和を生きた報知新聞記者篠田鉱造が、古老から聞き取った昔語りを紹介したものである。浴槽の大きさに比べて浴客が多かったということもあろうが、この薄暗さのために、静軒が言うような「頭は陰嚢を搶き」というアクシデントもたびたびあったのだろう。

また、図1-8も石榴口の中の様子を描いたもので、山東京伝『艶本枕言葉』からの

図1－8　混浴の石榴口内部

一枚である。こちらは、男女混浴の様子が主題になっている。「いつも今ごろくれバ、てうどあふハな」と言っているのは接吻する女である。また、秘所をさわられた女性は「人のぼゞへてをつけやアがつて、これ、そとへでろ、させよふから[27]」とすごんでいる。もっとも艶本に掲載された絵図なので、実際にこうしたことが行われていたかどうかは、割り引いて考える必要があると思う。

事実を忠実に描いたハイネ

さらに、当時の脱衣場および洗い場についても、下田公衆浴場図に描かれた様子と比較しておきたい。『守貞謾稿』には当時の公衆浴場の平面図が収められている（図1－9）。入り口から土間に入って高坐（番台）で銭を払い、板間に上がった所が脱衣場である。そして脱衣場から洗い場、石榴口、石榴口内の浴槽と、これらが一続きになっている。ハイネの描いた下田公衆浴場図も同様である。

板間の左右および入り口側壁面には衣服戸棚（衣服棚）がある。『守貞謾稿』ではこの衣服棚について三種類のものを絵入りで紹介している。ひとつは片扉で鍵付きのものである。現在の銭湯で見るものに近いと考えればよい。それから引違戸になったもの、さらに格子状のシンプルな棚で扉のないものである。江戸ではこの扉のないタイプが多かったようである。下田公衆浴場図に描かれた衣服棚はまさにこのタイプである。

脱衣場と石榴口の間は洗い場になっている。洗い場の床は、江戸が板、大坂は石が一般的であった。また、洗い場の中央には「溝一寸」と一寸幅の溝が通っていたことが平面図からわかる。さらに、平面図の中央右に「流シ板僅ニカウバイアリ」という文字が見える。つまり、洗い場の床が中央にある溝に向かって、脱衣場および石榴口双方からやや傾斜していたことがわかる。もちろんこれは、こぼれた湯を流すために他ならない。溝は排水溝である。

前出の『賢愚湊銭湯新話』には、この洗い場で身体を洗う人々の様子も描かれている（図1－10）。風呂桶に座って雑談する者、頭を剃る者、手拭いで背中をこする者、右端で他人の身体を流しているのは三助であろう。我々がよく知っている銭湯の風景とさして変わらない。それはともかく、図の中央やや右の壁の下部を見てもらいたい。中央に

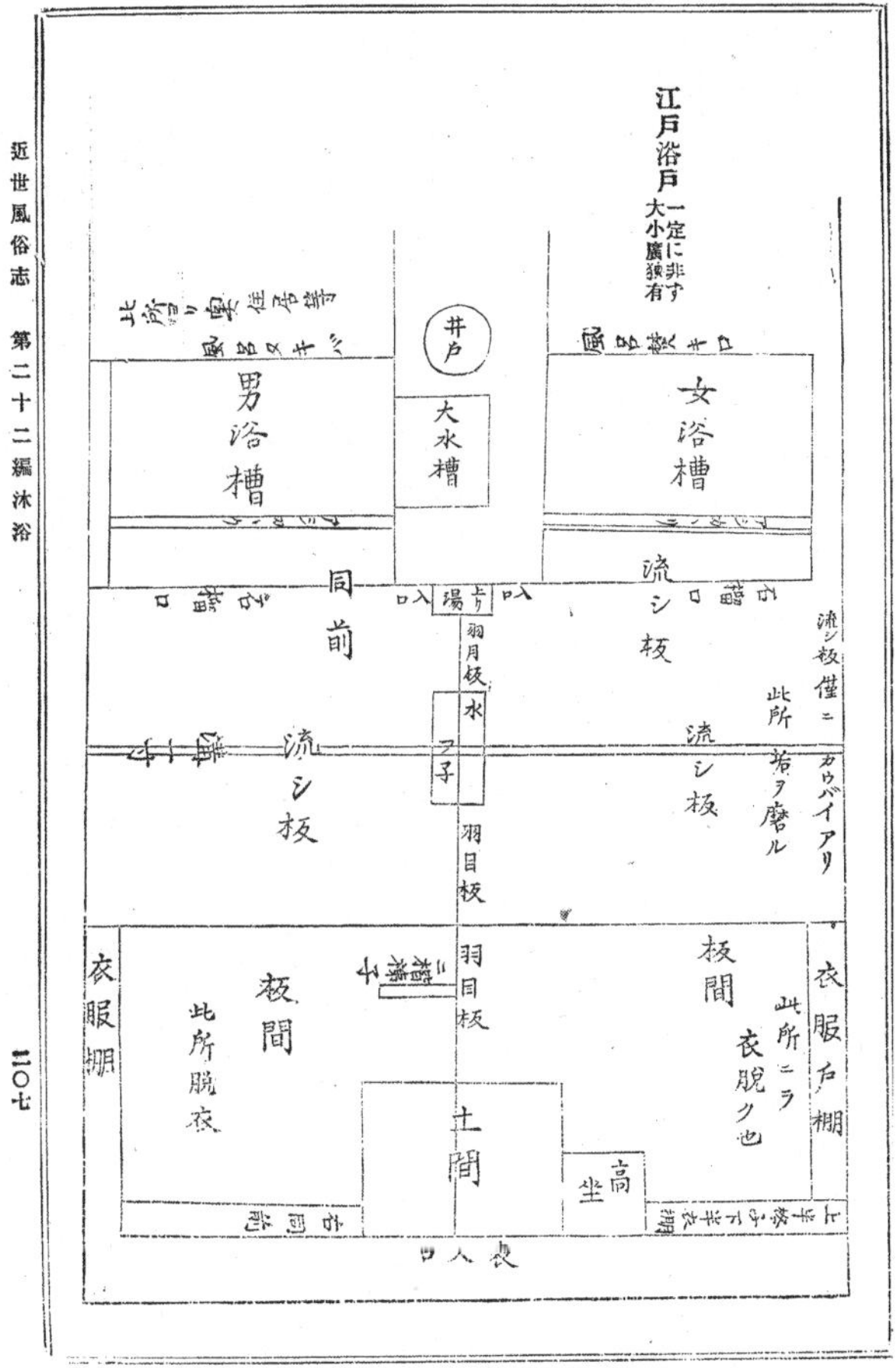
近世風俗志　第二十二編沐浴
二〇七
江戸浴戸
一定に非ず大小廣狹有
井戸
大水槽
男浴槽
女浴槽
同前
流シ板
羽目板
水
湯
板間
此所脱衣
此所ニテ衣脱ク也
流シ板傍ニカウバイアリ
此所垢ヲ磨ル
衣服棚
衣服戸棚
土間
高坐
入口

図1－9　江戸浴戸平面図

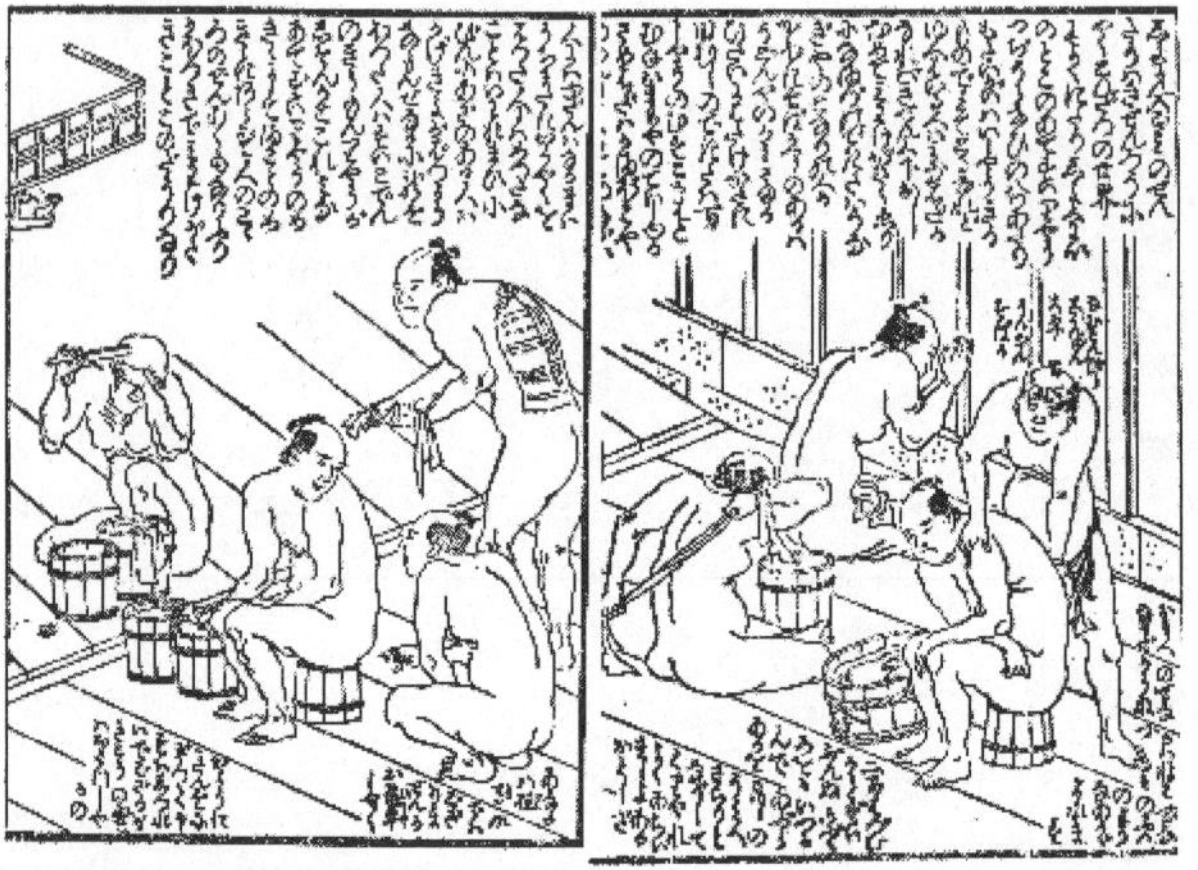

図1－10　身体を洗う人々

向けて床板が傾いているのがわかるであろう。そして最も低くなった個所には溝が切ってある。『守貞謾稿』の平面図をまさに立体的にした情景である。

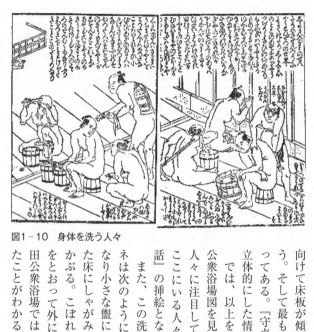

では、以上をふまえて再びハイネの下田公衆浴場図を見てみよう。まず、洗い場の人々に注目してもらいたい（図1－11）。ここにいる人々の様子は『賢愚湊銭湯新話』の挿絵となんと類似していることか。

また、この洗い場の様子について、ハイネは次のように記録している。「浴客はかなり小さな盥に湯を入れて、石を敷きつめた床にしゃがみ込み、身体を洗って、湯をかぶる。こぼれた湯は、床の中央にある樋をとおって外に流れる[28]」。この記述から下田公衆浴場では、床に切石が用いられていたことがわかる。下田公衆浴場図の脱衣場

図1－11　洗い場の人々と傾斜する床

も、洗い場の床と同じ文様で描かれているから、ここも板張りではなく石が敷いてあった。前出の下田の郷土史家土橋一徳氏は、下田の公衆浴場では古くから伊豆石を用いたと指摘されている。これは下田が伊豆石の産地だったことに起因するという。ハイネが見た下田公衆浴場でも、この伊豆石が床に敷き詰められていたと考えるのが自然であろう。

さらに注目すべきなのが、中央に切ってある溝と、石を敷き詰めた床の傾斜である。絵をよく見てもらいたい。左端でしゃがむ男から中央の溝に向かって、石の床に傾斜がついているのがわかるであろう。また同様に、右奥にいる五名の女性グループの足下からも、中央の溝に向かって石の床が傾いている。ハイネが「こぼれた湯は、床の中央にある樋をとおって外に流れる」と書く「樋」とは、排水用の溝に他ならない。また、下田の公衆浴場の床が傾いている点については、日本人の混浴に大きな衝撃を受けたジョンストン副艦長も「床は中央部に向かって傾いており」と記していた。つまり、下田の公衆浴場には、『守貞謾稿』が記す「溝一寸」、「流シ板僅ニカウバイアリ」と同様の工夫が石床に凝らされており、ハイネはそれを正確に絵にしていたのである。

このように日本側の資料と突き合わせてみると、ハイネの下田公衆浴場図には、当時の浴場の様子が極めて忠実に描かれていることがわかる。石榴口の形状もさることながら、石作りの床や排水溝、床の傾き、脱衣棚など、事実を描くその精度は非常に高いと言える。

同じことは人物についても言える。石榴口をくぐろうとする男や腰掛けに膝をつく人物、さらには洗い場で風呂桶を使う人々など、いずれも正確に描写されている。

そうすると、ハイネが描いた、異性の裸体に無関心に振る舞う日本人の様子も、事実を忠実に描いた結果だという可能性が非常に高まってくる。すなわち、男性の視線など気にせずに身体を洗う女や前も隠さず腕組みする男も、決してフィクションではなかったと考えるのが妥当となりそうである。

もっともここでは、拙速な判断は控えたい。むしろ、さらに当時の日本における入浴習慣を考察しながら、徐々に日本人の裸体観へと斬り込んでいきたいと思う。

第2章　混浴は日本全国で行われていたのか
〜幕末維新の入浴事情〜

混浴は本当に日本全国の習慣だったのか

前章で我々は、ハイネの下田公衆浴場図が特殊な浴場を描いたものではないこと、ハイネが当時の公衆浴場の様子をかなり忠実に描いていたことを明らかにした。これにより、ハイネが描いた公衆浴場での混浴は、実際に彼が目にしたものを正確に描写した可能性が極めて高いことがわかった。しかし疑問はまだ残る。仮にハイネが描いたように下田では混浴だったとしても、必ずしも日本全国がそうであったとは限らない。仮にそうだとすると、特定の地域における習慣から、日本人全体に関する裸体観を論じるのは難しい。

実はこの点が非常に悩ましい。混浴が日本全国に及ぶ習慣ではなかったという意見の正しさを証明する材料は多数ある。

まず、前章で掲げた『守貞謾稿』の「江戸浴戸平面図」である（図1-9）。男湯と女湯を隔てる「羽目板」が描かれているのに気付いた方がいるはずである。混浴ならばこの羽目板は不必要である。また、『ペリー艦隊日本遠征記』の中でも、混浴について、「おそらくこの習慣は、日本全国で広く行われているわけではないだろう。実際、我々の近くにいた日本人もそう言っていた」と記されていたことを思い出したい。さらに、これまた既出の山東京伝『賢愚湊銭湯新話』の挿絵は男性の浴客ばかりであった。また京伝の『賢愚湊銭湯新話』を創作のヒントにしたと言われる式亭三馬の『浮世風呂』は、全四編のうち前編・第四編が男湯の巻、第二編・第三編が女湯の巻という構成になっていて、男湯および女湯で交わされる会話をそれぞれ滑稽に描いている。そこに混浴の様子は全くうかがえない。

それから、寺門静軒の『江戸繁昌記』（この本についても前章で若干ふれた）にも「混堂、或は湯屋と謂《い》ひ、或は風炉屋《ふろや》と呼ぶ。堂の広狭蓋《こうきようけだ》し常格無し。一堂を分画《ぶんかく》して両浴場と作し、以つて男女を別《わ》く(1)」と記されている。そして、「聞く、往時男女同浴し、混雑別無かりしを。賢執越公（筆者注：松平定信）に及び、停止して別ならしむと。仰ぐべし、今人の別湯に浴するは、公の余沢に浴するなり(2)」と書く。

実は静軒が言うように、一七九一（寛政三）年、松平定信が推進した寛政の改革の一環として「男女入込湯停止」のお触れがでている。「入込」は「いりごみ」あるいは

「いれごみ」と読むのが一般的のように思う。ただし、「いりこみ」や「いれこみ」のように、「ご」と濁らない場合もある。

『日本国語大辞典』（小学館）では「いりごみ」と「いれこみ」を見出し語として扱っている。また同辞典の解説に、前者は「いりこみ」、後者は「いれごみ」とも読むとある。『広辞苑　第五版』（岩波書店）では、「いれこみ」「いれごみ」「いりごみ」の三つを見出し語や解説に掲げている。「いりこみ」は解説にも見えない。

また、『江戸語大辞典』（講談社）では「いりごみ」と「いれごみ」を見出し語に掲げている。さらに『東京弁辞典』（東京堂出版）では見出し語として「いれごみ」のみを挙げ、「いれこみ」とも読むと解説している。このように見ると、発音はまちまちながら、しいて『江戸語大辞典』および『東京弁辞典』をとると、東京周辺では「ご」と濁る方が優勢のようにも見える。

この入込禁止令では、「町中男女入込湯の場所これあり、右は大方場末の町々に多くこれあり」「場所柄はもちろん、場末たりとも、入込湯は一統に堅く停止せしめ候[3]」とした。さらにその後もたびたび同様のお触れがでる。寛政の改革から約十年後の一八〇三（享和三）年になると、「男女入込湯、決して致《いたし》候《そうろう》間敷《まじき》候《そうろう》[4]」と、これまた強い言い回しで厳禁している。また、水野忠邦の天保の改革（一八四一～四三年）でも混浴を厳しく禁じた。

図2－1　鳥居清長が描く女湯

繰り返し言及している『守貞謾稿』は、「或書云江戸も先年は男女混浴にて槽を別けず松平越中守老職の時より別槽の官命ありしと也然らば寛政以来混浴禁となる[5]」と述べている。一方、大坂の銭湯は、「京坂ともに従来男女入込と云て男女ともに湯槽を分ず一槽に浴することなりしを天保府命後男槽女槽を別つ[6]」とある。

それから、浮世絵に見られる男女別の公衆浴場図も、混浴が日本全国の習慣ではなかったことを強力に支持する。図2－1もその一例で、江戸中・後期に活躍した絵師鳥居清長が描いた作品の複製画である。八人の女性と子供一人がいる。背景には石榴口があり、女性のうち一名は腰掛けに足を掛けた下半身のみ見えている。男性の姿は見えない。

また図2－2は少々変わり種である。一八

図2－2　英国人が模写した公衆浴場図

六七（慶応三）年に出版された英国海軍中尉J・M・W・シルバーの著作に掲載された[7]。この本は、英国海兵隊所属で英国陸戦隊の指揮官として日本に出向いた著者が、日本の生活習慣について記述したものである。歴史学者吉田光邦氏によると、シルバーは日本で勤務中に多くの浮世絵を収集し、これを「帰国後、英国の石版画師に渡して複製させた[8]」という。その一点が、ここに示した多色石版刷図版である。残念ながら原画の絵師はわからない。これも女湯を描いたものである。左手に見える着物を着た男は湯くみで入浴客ではない。なお、先の鳥居清長およびこちらの絵の石榴口は、ハイネが描いた石榴口とは形状が異なる。こちらは江戸様式の石榴口で、外見は鳥居に似ており海千鳥などの派手な装飾が付くのが特徴である。

このようにいくつも例がある男女別公衆浴場の存在を考えると、混浴は下田という特定地域における特殊な習慣だったとも考えたくなる。しかしここでも速断は避けよう。真偽を明らかにするには、やはり当時日本を訪れた諸外国人の記述が好材料になるであろう。『ペリー艦隊日本遠征記』もそうだったが、「知られざる国日本」という異文化に接した当時の外国人は、自国との文化の違いに驚き、それを文章に記した。当時の日本人にとってはあまりにも当然のことなので、日本人が文章に残さなかったものであっても、それが外国人の興味を引くものであれば記録された可能性が高い。そういう意味で外国人の記録に接することは、消え去ったあの時代を再構築する上で有効な手法である。そしてそれは、当時の日本の入浴習慣、ひいては裸体観を考える際にも適用できる。

外国人による幕末から明治にかけての日本見聞記には、時代によっていくつかの特徴がある。まず、ペリー来航後から横浜開港頃までである。この時期のものとして、日本と通商条約を結ぶために各国の使節団が来日し、公式遠征記や団員の私的紀行が文章として残っている。前者としては『ペリー艦隊日本遠征記』がその典型である。ハイネやウィリアムズの記録は後者に相当する。またペリー以降も多数の使節団、たとえば序章にもふれたプロイセンの他、イギリスやスイスの使節団が公私にわたる文書を残している。

次に横浜開港前後から明治維新にかけてである。この時期のものには、外交官として日本に滞在した人々の文章が多い。著名なところでは、イギリスの駐日公使ラザフォード・オールコックや、日本人よりも日本通と言われたイギリス外交官アーネスト・サトウ、すでにふれた初代アメリカ総領事タウンゼント・ハリスなどの文書がそれにあたる。また、布教活動のため来日した宣教師、日本との貿易に従事した民間貿易商の記録も見られるようになる。さらに、旅行家や冒険家が未知の国日本に上陸し、その紀行を公表するのが始まるのもこの時期である。

そして最後に明治維新後である。この時期には、引き続き旅行家や冒険家による日本に関する文書が多数発表される。その一方で、いわゆるお雇い外国人が大挙して来日し、彼らの眼で見た日本の記述が多数残されている。大森貝塚を発見したエドワード・モースの文書などはその代表であろう。以下これらの文書について、記録された地域や時代に配慮しながら、彼らが見た日本の入浴習慣、中でも下田以外のものについて検証したい。

英国使節団員が見た江戸の湯屋

一八五八（安政五）年夏、ローレンス・オリファントは、長崎に上陸する。オリファントは、日本との修好通商条約締結を目的に、上海から日本に乗り込んだ英国特命全権使節の一員で、全権代表エルギン卿（ジェームス・ブルース）の秘書を務めた人物であ

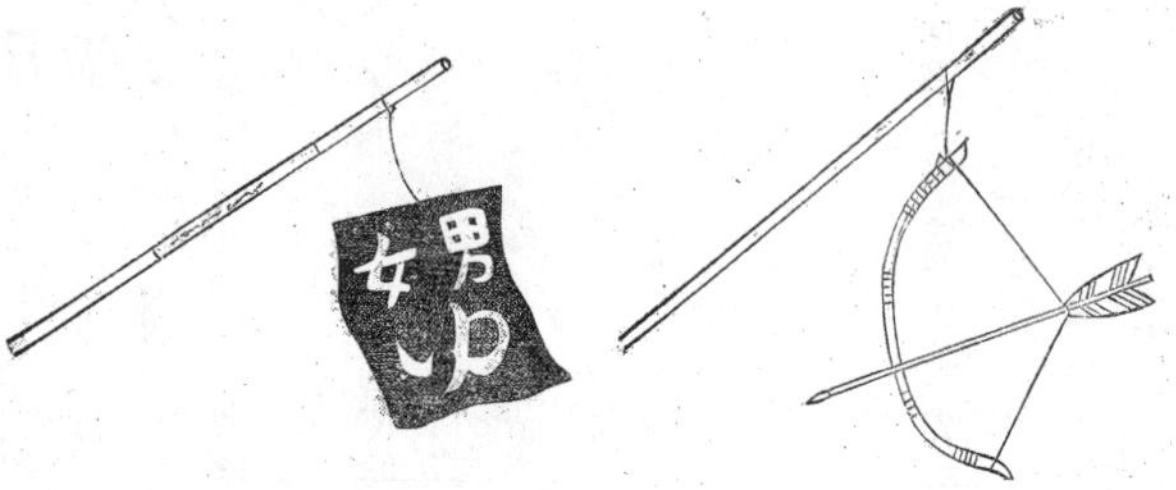

図2－3　湯屋の看板

る。日英間の修好通商条約は、八月二十六日に締結される。二週間程度という短い滞在中に、オリファントは長崎や江戸、下田を観察し記録する。その中には江戸滞在中に見た公衆浴場の記録が含まれている。

オリファントは、「浴場はすべて、紺か黒の木綿の布片が、入口の上に、旗のようになびいているので見分けがつく。これらの施設にはいつもいっぱい人が入っている。したがって長崎のように往来で入浴をする姿は見かけなかった。これらの施設は下田のものと多少異なっている[9]」と書く。まず興味を引くのは、江戸の公衆浴場が、下田のものと違っていたという点である。一行は長崎から下田に入り、その後江戸にやって来ているため、下田でも公衆浴場を実見したのだろう。しかしどの点が異なるのか、オリファントは具体的には記していない。

また、「紺か黒の木綿」とは暖簾との説もあるが、

『守貞謾稿』では公衆浴場を示す看板について図入りでふれている（図２－３）。本文には「今世江戸湯屋の招牌《しょうはい》紺地に男女ゆ或はゆとのみ記したる木綿簾也[10]」とある。招牌とは看板のことを指す。オリファントは「紺か黒の木綿の布片」が「旗のようになびいている」と記しているので、彼が見たのは暖簾よりも、図２－３左のような招牌だったと考えるのが妥当だろう。余談ながら、「紺地の招牌」より昔には図２－３右のような弓矢を吊した看板もあったという。判じ物のようだが、これで当時の公衆浴場を示した。そのココロは弓を「射入る」と「湯入る」の語感が近いからだという。

続けてオリファントはこう書く。「素朴なその町では一つしかない浴室を男女共同で使っていた。江戸ではときとして、胸までの高さの仕切りがあり、婦人と男子とを分けていた。浴室の上に茶室があるのがふつうで、浴客は熱湯を豊富に使って、落ち着いてくつろいだ状態になったとき、そこに足を運び、体裁などは気にせずに、ごくありふれた飲物をとって、気分を爽やかにするのである[11]」。オリファントの記す「素朴なその町」が下田だとすると、江戸では浴室を男女共同で使用していなかったと読める。また、「ときとして」、胸までの仕切りが男女を分けていたともオリファントは書く。以上の記述からだけではやや判別しにくいのだが、オリファントが江戸で見た公衆浴場は男女別だったようである。

なお、このオリファントという人物は、エルギン卿の使節団と共に日本を離れた後、一八六一（文久元）年に在日英国公使館の第一書記として再び日本の土を踏む。ところが、当時の仮公使館であった高輪の東禅寺にオリファントが腰を落ち着けて間もなく、攘夷を説く水戸浪士が同館を襲撃する事件が起きる。世に言う「東禅寺事件」である。オリファントは肩を斬られる大怪我をし、翌日、イギリスの軍艦に収容されている。幕末には攘夷思想の嵐が吹き荒れていたことを思い出したい。イギリス公使館襲撃は、その思想が暴力行為として爆発した象徴的事件のひとつである。

スイス使節団首席全権が見た江戸の湯屋

「あらゆる年齢の男も女も、朝の沐浴は別として、毎日、または、それに近いほど微温《ぬるま》湯に入る。彼らは、お湯の温度が摂氏五〇度以上の高いものを好む。身体を横たえるか、屈み込むかによって、肩か腰まで湯につかって、十五分から三十分も入っている」[12]。日本人の風呂好きについてこう記したのはエーメ・アンベールである。

アンベールは、日本と修好通商条約を結ぶためにスイスから派遣された使節団の首席全権である。一行は、一八六三（文久三）年四月に長崎に到着する。その後横浜に移動して幕府との折衝にあたった人物である。条約の調印にこぎつけるのは翌年二月と、長期間の交渉を余儀なくされた。これは、幕府の事情もさることながら、アメリカやイギリスなどの大国と違い、小国スイスという理由もあったのであろう。

長期の交渉期間ということは、使節一行がそれだけ長く日本に滞在したことを意味する。そして、その間の見聞は『アンベール幕末日本図絵』に、大量の図版とともに詳細に記述されている。この項の冒頭に示した一文は同書の「江戸（隅田川左岸地区）」という個所に収められているものである。したがって、記述内容は江戸の公衆浴場だと考えて間違いない。しかし、ポンペ同様アンベールも湯の温度は摂氏五十度と書く。これは微温湯とは言わないであろう。

それはともかくアンベールは、上流階級にこそ自家用の浴室があるが、それはまれだと記す。その理由として「なぜなら、多少にかかわらず、自家用の風呂の燃料費が、家庭でひとつの公衆浴場へ行くために払う年決めの経費より高くつくからである[13]」と指摘する。実際、豪商三井ですら内湯を使わずに公衆浴場を利用していた。

さらにアンベールは、混浴についても記述する。「風呂屋の主人は客を断りたくないと、同じ浴槽に男も女もごちゃまぜに入れなければならない。まず、ふつう浴槽は最低二つあり、低い仕切りか板の橋で区切られ、どちらも一度に十二人から二十人の客を入れるだけの十分な広さがある。ふつうは、女と子供が一方に塊まり、もう一方に男が塊まる。けれども、後から入ってきた者は、誰が先に入っていようと、自分の好きな所に落ち着くことは少しも差し支えない[14]」。

このようにアンベールは、江戸の公衆浴場におけるあいまいな入浴手法について記述

図2-4　明治初年の江戸湯屋

している。基本は男女別なのだが、混雑すると混浴になるというのである。また、アンベールが描く公衆浴場の構造は、すでに我々が見てきた江戸の公衆浴場の特徴と少々異なる点がある。浴槽が二つあるというのは、『守貞謾稿』の「江戸浴戸平面図」と同様である。ただ、アンベールの記述では、「低い仕切りか板の橋」で区切られているのは浴槽だけで、男女ともいずれにも入れる。つまり、洗い場や脱衣場は男女共有スペースと考えられる。しかし、低い仕切りが浴槽のみにある公衆浴場を混浴と言うべきか、言わざるべきか。現代の我々の眼からすると、明らかに混浴の一種と言わざるを得ない。

これに関して少々面白い図画がある。時代はやや下って明治初年ながら、当時の江

図2－5　『アンベール幕末日本図絵』の「江戸の銭湯」

戸の公衆浴場を絵師長谷川不深が描いたものである（図2－4）。石榴口は二ケ所で、左が男性用、右が女性用になっている。男女を分ける壁は天井まであるものの、洗い場中央部までで、手前は行き来が可能である。これだと、アンベールが言うように、あとから入ってきた人はいずれの石榴口でも選べる。

公衆浴場図と温泉図のリミックス!?

ところで、この『アンベール幕末日本図絵』には「江戸の銭湯」という名の図版が収録されている（図2－5）。作画はクレポンという人物である。図版の説明文には、「日本の絵画による」と記してあるので、日本にあったいずれかの浮世絵を参考にして描いたのであろう。

画面中央に見える鳥居状のものは明らかに江戸様式の石榴口である。若干入り口が高く、奥でうごめく人物が見える。板張りの洗い場も江戸様式ならではである。また、左端に見えるのは番台だろう。女湯を描いたものか、男性の姿は見えない。ただし、左手入り口に見える髷頭の人物は男性のようである。また、番台の前に座る人物も男性のように見える。

ただこの絵には奇妙な点がいくつかある。その最たるものは、石榴口の前にある大きな浴槽である。さほどない深みに腰までつかる女達が右端奥に見える。左端の女性は、あたかも足湯を利用するがごとくである。それから、画面中央の石榴口の右にある滝のようなものにも注目したい。これはどうも、樋から下の岩に向かって流れ出る湯のようである。当時の公衆浴場に、こんな豪華な設備があったとは思えない。

歴史学者岡田章雄氏によると、『アンベール幕末日本図絵』に掲載された図画には、「一行が日本で入手した美術書や版画などを『下敷』にして、画家たちが西洋画の技法によって遠近法を用いたり、人物を置きかえたり、その数を減らしたり、また、意味のわからないものは削ったりごまかしたりして、ヨーロッパの読者の目を楽しませるように自由に書き直したものが少なくない」[15]（傍点筆者）という。この岡田氏の指摘に従うと、画家クレポンは「江戸の銭湯」を描くにあたり、二種類の絵を原画にした、という推測が成り立つ。すなわち、公衆浴場を描いた図と温泉を描いた図である。これらは、同じ入浴シーンを扱ったものながら環境は全く異なる。クレポンはこれを一枚の絵に仕上げたのではないか。

日本から持ち帰られた公衆浴場図を見たクレポンは「おや？」と思ったに違いない。というのも、彼にとって浴場といえばローマの浴場であり、そこにあるはずの浴槽がないからである。これは、当時の日本の公衆浴場の構造を知らない者にとって「意味のわからないもの」に他ならない。その一方で、クレポンの手元に温泉の様子を描いたものが他にあったとしよう。こちらは大浴槽で入浴する人々を描いていたはずである。これならばクレポンにも入浴シーンだと理解できよう。そこで、クレポンは「意味のわからないものは削ったり、ごまかしたり」しながら、両者を組み合わせた。こうして出来上がったのが「江戸の銭湯」である。公衆浴場の図に描かれた石榴口を背景に配置し、本来は浴槽がない個所に温泉図の浴槽をもってきた。もちろん樋から流れる湯も、温泉図からの借用であろう。これならば、ないはずの浴槽が洗い場にあったり、湯がとうとうと落ちる滝があったりするのも辻褄が合う。

さらに、もう一点、クレポンの「江戸の銭湯」で注意して見るべき個所がある。画面右端奥の建造物である。これはあたかも石榴口のように見えるのは気のせいだろうか。仮にこれが石榴口だとすると、混浴禁止により浴槽を分けた公衆浴場を描いたものということだろうか。これは、長谷川不深が描いた「明治初年の江戸湯屋」（図２－４）から、仕切りの壁を取り除いたものに近いようにも思える。

話が脱線してしまった。江戸の公衆浴場について別の記述を掲げよう。先にハイネが一八六〇（万延元）年のプロイセン遣日使節団の一員として来日したことについてはふれた。この使節団の公式記録とも言えるものに『オイレンブルク日本遠征記』がある。オイレンブルクとは、その使節団の特命全権公使を務めたフリードリヒ・ツー・オイレンブルク伯爵のことである。この人は15ページに掲載したハイネも含む団体肖像画（図序－2）の中段右端に見える。

この書の中に使節団一行が江戸で見た公衆浴場の様子を次のように記録している。「住居の居心地よさに相通じているのは、日本人の身体の清潔さである。大部分の人々は毎日入浴する。自宅で行水のこともあり、どの町にもある公衆浴場ですることもある」。さらにこの一文の注釈には次のようにある。「公衆浴場は板塀で二つに仕切られ、一つは男用、一つは女子供用になっている。そこでは実に愉快そうに入浴している。日本人は裸体でも羞恥心をもたないから、外国人も臆することなく中に入り、その中を見ることができるのである」[16]。

また、オイレンブルク伯爵自身の手記にも次のようなくだりがある。「湯屋には特有の施設がしてある。どの町にも湯屋がある。階下は男と女の浴室があつて、江戸では木の格子の壁で仕切つてあるが、他の町では男女混浴である。通りに向かつた方も格子があるばかりであるから、近寄つて見れば中の様子がすつかり見える」[17]。

このように、プロイセン遣日使節団の記録でも江戸の公衆浴場は男女別だとある。オリファントの記録も同様であった。また、アンベールは、同じ浴槽に男女がごちゃまぜに入ることもあるが、原則的に男女別だと記していた。となると、男女別が当時の標準であり、やはり下田の公衆浴場は特殊な例だったのであろうか。しかし、オイレンブルク伯爵は「他の町では混浴である」と述べている。となると、ここは一旦江戸を離れて、別の地域の事情を探らねばならないだろう。

フランス貴族が見た横浜の湯屋

まず、横浜の公衆浴場をその眼にしたフランス人リュドヴィック・ド・ボーヴォワールの記録から始めよう。ボーヴォワールはオルレアン家と深いつながりがある家系の生まれで、生粋の貴族というにふさわしい。二十歳の時に世界一周旅行に旅立ち、途中日本に三十五日間滞在した。ボーヴォワールが横浜に着いたのは、一八六七（慶応三）年四月、倒幕運動が盛んとなり幕府の命運もあと一年にも満たない頃である。

横浜に着いたボーヴォワールは、横浜弁天通と平行する狭い通りでさっそく公衆浴場を目撃する。「ここでは男も女も若者も娘もすべてごちゃまぜで、大天使の衣装そのままに、一軒の店ごとに四十人から六十人が、斜面になった床の上に、熱い湯を張った銅のたがのはまった小桶のピラミッドに囲まれて、しゃがんだり、ぴょんぴょん跳ねたりしている」[18]。ボーヴォワールの記述から、横浜では混浴が行われていたことがわかる。またボーヴォワールは、かなり詳細に公衆浴場の中の様子を観察している。こぼれた湯を流すための「斜面になった床」とボーヴォワールは書くが、これはハイネも目撃し絵にしたものである。また「銅のたがのはまった小桶のピラミッド」と記す。風呂桶が三角に積んであったのであろう。これなどは、現在の銭湯でも見られる光景である。いずれも、実際に眼にしていないのなら記述するのは不可能な内容である。

青年貴族ボーヴォワールは、箱根・宮ノ下での混浴温泉体験についても記している。公衆浴場からは若干ずれるが、興味深い記録なので紹介したい。ときは同年五月十七日のことである。宮ノ下の温泉に到着したボーヴォワールは、そのとき見た光景を決して忘れないと書く。「夕方の入湯を今しがた終えたばかりの男女の浴客が三百名以上も、アダムとイヴの姿そのままで、ゆったりとくつろいでいたのである」。ボーヴォワールはこの宿に宿泊したいと思ったが満員だったので断られた。よって、階段をもう少し上がった別の宿屋に入る。ボーヴォワールが幕末に日本にやって来た他の外国人と一線を画するのはここからである。単に日本人の入浴を観察するだけでなく自身も入浴するのである。

「そこには四角な木の湯槽が数個、約一メートル半の間隔で地面にはめ込まれていて、グループがいくつか、それぞれの湯壺の中でふざけていた」。ボーヴォワールはこの中から自分の入る浴槽を選んで一番ぬるそうな湯につかる。「この透明な湯の小さな世界の中にいたのは六人で、かなりきれいな女性が三人、男性が二人、そしてこのわたし。わたしは、まるで湯沸かしの中へとび込んだかのようであった。一分間で侍従のように真っ赤になり、ほんとに逃げ出したかった。しかし、わたしの仲間は、男女とも笑いながらおしゃべりを始め、わたしは大したことはわからなかったが、きまり文句で答えるといつもの通り大成功であった」[19]。郷に入っては郷に従えではないけれど、西洋人でもボーヴォワールのように抵抗なく混浴に溶け込める人物もいた。なお、『富士屋ホテル八十年史』では、文献に見られるものでこのボーヴォワールの一件が、外国人が箱根で入浴した最も古い例だと記している[20]。

ボーヴォワールが自身の旅行記をとりまとめた著作『世界周遊旅行』には、「銭湯風景」と題する図画が挿入されている[21]（図2－6）。この図画は、アンベール本の「江戸の銭湯」図も吹っ飛ぶ構図である。手前中央では金持ち風の男が美女をはべらせながら食事をしている。その左には褌姿のたくましい男、右にはバナナの葉だろうか、その陰で肢体をくねらせた女性がポーズをとっている。背景は天井の高い南洋風の木造家屋である。床面には大きな浴槽がしつらえてあり、男女が入り交じって入浴している。周辺では何かの儀礼がとりおこなわれているかのような人だかりである。この絵もアンベー

図2-6　『世界周遊旅行』の「銭湯風景」

ル本に掲載された挿絵同様、多様な絵画を取り混ぜて作成している。その証拠に、画面左に映る筋骨たくましい男は、後に紹介する、アンベール本に掲載された「馬丁」に他ならない（96ページ図3－1）。当時の公衆浴場の様子を知るには資料価値が乏しいが、知られざる国の様子がいかに歪曲して伝えられたかを考える上で重要な図画といえよう。

横浜の公衆浴場から長崎へ

デンマーク人でフランス海軍に入隊したエドゥアルド・スエンソンも、横浜で公衆浴場を目撃した一人である。時期は一八六六（慶応二）～六七（慶応三）年のことで、ボーヴォワールとほぼ同時期か、それよりも若干前である。まずスエンソンは、「仕事が終わってから公衆浴場に行かないと一日が終わらない」と日本人の風呂好きを指摘する。そして、「天井の低い、蒸気であふれた部屋に入ると、そこには生まれた時とほとんど変わらぬ格好をした裸の男女が何人も、地面を掘って石で固めたところへ湯をはった浴槽につかっている。麻縄が境界線として使われていて、ふたつの浴槽、男と女を隔てるのに板の衝立を使うことなどほとんどない。男も女もおたがいの視線にさらされているが、恥じらったり抵抗を感じたりすることなど少しもない[22]」。

スエンソンが見た「蒸気であふれた部屋」とは石榴口の中を指しているようである。また、浴槽を麻縄で区切り、一応男女別になっていたと記す。江戸では低い仕切りや板の橋で男女を区別していたが、スエンソンが見たものはもっと簡易である。当時はこうした措置で混浴ではないと判断されたのであろうか。しかし、現代の目から見ると明らかに混浴である。

次に古くから外国人の出入りがあった長崎について見てみよう。ここでも混浴が一般的だった。まず、ホームズ船長の証言を引きたい。ホームズ船長ことイギリス人ヘンリー・ホームズは、横浜と長崎、箱館が開港される直前の一八五九（安政六）年二月に、著名商社ジャーディン・マセソン商会と傭船契約を結び日本にやって来た人物である。長崎に上陸したホームズ船長は、持ち前の好奇心から、さっそく長崎の街を闊歩する。そこで見たのが公衆浴場である。「日本人はよく風呂にはいり、あらゆる階層の人々が利用する、とても大きな公共の銭湯がある」と語るホームズ船長は、一軒の公衆浴場の中に入り、日本人の入浴方法を観察する。「醸造場でみかけるような大桶があり、とても熱い硫黄の湯でみたされていて、それにはいる。私が行ったとき、三〇〜四〇人の人たちが樽のなかの鰊のように詰めこまれ、うだるまではいっていた」。寺門静軒は混雑する石榴口内の様子を「頭は陰嚢を搶き」と表現したが、これと同様の記述である。

ホームズ船長はさらに続ける。「七面鳥のように赤くなってでてくると、仕切られた区画に行き、そこで糠袋のようなものでごしごしとこすってもらう。それからお湯で洗い流し、休憩室へ行って、茶や煙草を楽しむ。休憩室では老若男女をとわず、すべての人が白い布もまとわない裸で、性別や年齢、つまり私たちが西洋で礼儀作法と考えるものとはいっさい関係なく、ありとあらゆる姿態で横になっている」。このように、ホームズ船長が目撃したのは混浴の公衆浴場だったと言ってよかろう。そしてホームズ船長は、「これらの人々は、人間が堕落する前にエデンの園にいた人間の最初の祖先と同じように純粋なのだろうか」と自問する。しかし男女混浴は「かれらが純粋で貞操がかたいからではなく、日本の習慣なのである[23]」と結論づけている。

オランダ海軍軍医ポンペも、長崎の公衆浴場について「この銭湯ではまことに不思議なことがたくさん見られる」と記す。まずポンペは、「貧しい庶民階級でも一般に風呂桶を持っている」と指摘する。しかし、湯を沸かす費用が高くつくので、「家庭では病気のときに風呂桶を用いるだけ」だと記す。公衆浴場はほとんどの町にあり、料金は二、三文で「誰でも」入れる。誰でも入れるというのは、すなわち「浴場では男も女も子供もいっしょに同じ浴槽に入る」ということである。しかしポンペは、「少なくともなんらみっともないことは起こさない。いや、はっきりいえば、入浴者は男女の性別などを少しも気にしていないといってもよいようである[24]」と記述する。

ポンペはこの様子を目撃した時期については言及していない。しかし、それももっともだと思われる。ポンペの日本滞在は一八五七（安政四）年九月〜六二（文久二）年十一月と丸五年を超える。公衆浴場での混浴風景は、この間に日常的に見られたのだろう。

いずれにせよ、横浜や長崎でも混浴は普通に見られる光景だったようだ。

外国人に流布する混浴の噂

続いて、長崎から一路箱館に飛ぶ。一八五五（安政二）年五月十八日、アメリカ艦隊の傭船で、プロイセン船籍グレタ号が箱館に入港した。この船にリュードルフというドイツ商人が乗艦していた。彼は箱館滞在中の同年六月十五日に、「同行したヴィンセンス号の将校が、日本の浴場をわれわれに教えてくれた」ので、近くにある公衆浴場に向かう。「われわれは浴場に入って見た。下田から来た将校から聞いたうそのような話の真実性を、自分の目で確かめるためである」。リュードルフが言う「うそのような話」とは日本の公衆浴場での混浴に他ならない。彼はそれを確かめに公衆浴場へ出向いたのである。

「浴場の中には、男と女（その中には、若い美しい娘もたくさんいた）が、ごっちゃにいるのを発見した。そして、真っ裸で湯に入っていた」と、リュードルフは初めて見た公衆浴場について語る。やはりここ箱館でも混浴である。さらに彼はもう少し目を凝らして見る。「いや、板の間に坐っていたという方がよかろう。この風呂は、蒸し風呂の一種であるからである。湯気のたちこめた小さい部屋の中に、灌水風呂があった」。リュードルフが言う「湯気のたちこめた小さい部屋」とは石榴口のことであろう。「板の間に坐って」いるのは、洗い場で身体を洗う人々のことを指しているに違いない。リュードルフが、公衆浴場の中にいる間も、次々と新客が入ってくる。そして、「何の遠慮もなく、ただちに着物を脱いで」、それぞれ浴槽へと向かう。「日本のように、男女両性が、これほど卑劣な方法で一緒に生活する国は、世界中どこにもない[25]」と語るリュードルフにとって、混浴は許せないものに映ったようである。

イギリス艦船バラクータ号のジョン・トロンソン将校も箱館の公衆浴場について記述している。トロンソンが箱館を訪れたのは、リュードルフよりも一年遅い一八五六（安政三）年四月のことである。トロンソンは、日本の公衆浴場について「以前から不思議な施設と聞いていた」という。先のリュードルフはアメリカ将校から噂を聞いて「うそのような話」を確かめるため、浴場見学に出かけた。そして、このトロンソンも何らかの伝聞で日本の混浴公衆浴場を知ったのであろう。このように、ペリーが結んだ日米和親条約以後、日本における混浴公衆浴場の噂は極めて短期間で外国人の間に流布していたようである。あたかも「フジヤマ、ゲイシャ、コンヨク」のように。この噂を確かめるべく、箱館に着いたトロンソンは、運上所（税関）からまっしぐらに公衆浴場へ向かう。彼が行った公衆浴場は、運上所から少し離れた所にあり、小さな玄関から中に入ると、右手に休憩所、手前に番台がある。左手は奥行きがあり、ここが浴場になっている。「床は一・八mほど徐々に下降していて、再び仕切りに向かって上昇している。この仕切りの向こうには、善良な人々が熱い湯の贅を楽しんでいる。この仕切りで囲われた部屋は、周囲からも中が見えるようになっているのだが、この傍らには水をたたえた幅広で底の浅い水槽がある。風呂から出た男や女、子供は、ここでしゃがむと、冷水を身体に気前よくかける」。床が下降しさらに上昇しているという記述は、ボーヴォワールの記述同様、洗い場中央にある溝に向かって、床が傾斜している様子を表現したものだろう。仕切りで囲われた部屋とは石榴口と考えて間違いない。「周囲からも中が見えるようになっている」とトロンソンは記すが、これは石榴口の入り口が若干高めだったのかもしれない。

さらにトロンソンは、石榴口から出てきた男女が、水槽から水をくんで身体を洗い流している様子を描く。「全員完全にはだかである。肌はピンクに染まり爽快に見える。日本人は互いの様子を無遠慮に観察することもない。あたかもアダムとイヴの時代の素朴さを思わせる」。トロンソンはこの「原始的な素朴さ」には心配で、この裸体の露出が若い世代に悪影響を及ぼさぬか一人思い悩む(26)。

ロシア船リンダ号でアムールに向かったイギリス人ヘンリー・アーサー・ティリーも、その航海の途中に箱館に滞在し混浴の公衆浴場を見学している。一八五九(安政六)年七月のことである。「あらゆる年齢の男や女、少女や子供が何十人も、あたかもお茶を飲むかのように、周りのことなど気にせずに、立って自分の身体を洗っている」。この時ティリーは、リンダ号の士官とスタール夫人という女性と一緒だった。この光景を見た士官が「極めて不謹慎だと思いませんか」と尋ねたところ、その夫人は「どこに注目するかによるわね」と答えたという。そしてティリーも、スタール夫人の考えに賛同し、「裸体のままでも貞節は保たれると考えるようにした」(27)と述べている。このように、ここ箱館の公衆浴場でも混浴は普通に営まれていた。

坂本龍馬、お龍との混浴

次に、江戸に次ぐ大都市・大坂、さらに帝のいる土地として幕末に特に注目を集めた京都、これらの地域における入浴事情についても確認しておきたい。まず大阪からである。石田魚門《ぎょもん》が一八七六（明治九）年に著した『方今大阪繁昌記（初編）』には次のような一文がある。「道頓堀の岸頭に混浴堂《ふろや》が数家ある。その中でも恵比須湯は最も大きい。早朝より深夜まで浴客が群来」し、足の踏み場もないほど混雑したという。また、「方今、一新より男女浴を同じゅうなさしめず、故に一堂を分画して、両戸間の正面にあたり、左男右女の浴場を築く」(28)とある。「一新」とは明治の御一新のことである。石田魚門の記録によると、大坂で男女混浴がなくなったのは明治維新以降ということになる。ちなみに『守貞謾稿』では天保以降に浴槽を男女別に分けたと記していた。

外国人の記述としては、時代は少々下るもののフランス海軍士官モーリス・デュバールによる、大坂の旅館内における入浴体験がある。デュバールは、一八七四（明治七）年から翌年にかけての一年強、明治新政府統治下の日本に滞在している。日本からの出航を目前にしたデュバールは、兵庫港寄港中に休暇をとり、仲間と一緒に大坂から京都、大津への旅に出かける。大坂から京都への移動に船の利用を計画したデュバールは、移動前の一日、大坂の船着き場である天満の八軒家にある宿で宿泊する。

一夜明けた朝のことである。デュバールは、旅館の中庭か離れのような場所にある風呂に身を沈めた。すると、他の泊まり客も三々五々入浴にやって来る。「私とおなじいで立ちのまじめそうな日本人の男性が、駆けて来た。そして、おかしなくらい落ち着きはらって、湯舟に浸かった。つづいてまたすぐ別の男性が来た。両親と女の子二人の家族も来た。さらにもう一家族。まもなく家中の者が、例のあの、私たちの祖先がリンゴを食べる前の恰好ではいって来て、壁づたいに並ぶ八つか十の大きな樽を残らず埋め尽くしてしまった」。

しかも、デュバールが記す「家中の者」には、宿の女中さんも含まれていた。風呂から上がったデュバールは素早く支度をして、八軒家から船に乗るべく宿を出る。そして、外に出て宿の方を振り返ると、「いま樽から飛び出したばかりの〈水から上がったヴィーナス〉たちが、どうかご無事で、とか、楽しいご旅行を、と口々に声をかけてくれていた」[29]というのである。やはり、当時の常識は、現代の常識と大きくかけ離れていたと言わざるを得ないのだろうか。

次に京都の公衆浴場についてである。ここでは外国人の記録ではなく、日本人の述懐を紹介したい。語り手は、後に明治政府で陸軍少将や宮内大臣を歴任する田中光顕である。田中は言う。「坂本はお龍を伴って外出したことがないというが僕は現に京都でも伏見でも坂本やお龍と能く外出したものだが……」。田中は幕末当時、中岡慎太郎に兄事していた。薩長同盟の周旋では中岡や坂本龍馬の腹心として活躍している。そして、田中の語る「坂本」とは龍馬のことに他ならない。また、お龍とは龍馬の女房である。年代的には、田中が中岡に兄事した慶応元年から、坂本・中岡両名が暗殺される慶応三年までの間である。

田中はさらに続ける。「是ほど確かな証拠があるものか、何時かも三人で一緒に湯屋に行ったこともある。其の時分の湯屋は男女混浴で、坂本は噂の通り背中に杯毛がはえていたのを見たことがある」。さらに田中は続ける。「其の湯の中で坂本が僕に向かって『江戸では熱い湯に入るからよいよいになる』というたが、僕にはそのよいよいという事が分らなかったから、坂本に尋ねた事がある」[30]。龍馬が言った「よいよい」とは、「手足が麻痺し歩行が不自由で、口・舌などのよく回らない病気の俗称。また、それにかかっている人」[31]のことである。

それはともかく、注目したいのは「其の時分の湯屋は男女混浴で」という田中の言葉である。しかも龍馬の愛妻お龍もまじえての混浴である。現代では知人とその彼女を交えて混浴銭湯に行くなど考えられないことである。そうした行為がこの京（または伏見）で極めて普通の行為として受け止められていたことがわかる。加えて、時代を江戸から明治へ転回させた立役者坂本龍馬、その愛妻お龍、彼らと一緒に田中は湯につかっているのだから、日本人の裸体観を観察しようとする本書にとっては、看過できない一文である。

ところで田中が、「坂本は噂の通り背中に一杯毛がはえていた」と指摘するように、坂本龍馬には子供の頃から背中一面に毛が生えていた。これに関して作家司馬遼太郎氏は『竜馬がゆく』の中で次のように書いている。

「竜馬は、うまれおちたときから、背中いちめんに旋毛がはえていた。父の八平は豪気な男だったからこれをおかしがり、

『この子はへんちくりんじゃ、馬でもないのにたてがみがはえちょる』

といって、竜馬と名づけた(32)」。

命名の経緯はともかく、龍馬の背中の毛は、田中が言うとおり本当のことだったのであろう。

また田中は、龍馬との回想に加え、中岡慎太郎と混浴銭湯に関する面白い証言をして

いる。「この湯屋のことで思い出すのは京都白川屋敷に居る時」のことである。田中は中岡とともに銀閣寺、詩仙堂、鹿ヶ谷《ししがたに》などをよく一緒に散歩したという。「何時か中岡が一人で外出して帰ってきて、『今日祇園で湯に入ったが、素的な代物が一緒に入っていて僕は湯から出られなくて困った』という笑い話をしたことがあった」[33]。中岡の言う「素的な代物」とは、目も覚めるような美しい女性に他ならない。この田中の回想から思いつくのが、『守貞謾稿』の記述である。「遊里は、娼妓美服にて風呂屋に浴す者、甚多し。また、娼妓にあらざるも、自然美服にて風呂屋に行く者多し」[34]。祇園は京きっての色街である。この祇園の公衆浴場で中岡が遭遇したのは、非常に美しい娼妓か、はたまた素人ながら垢抜けした美女だったのであろう。

全国に広がっていた混浴の習慣

幕末当時、日本における外国人の行動範囲は限られていた。そのため外国人の記録は、どうしても開港場付近または著名温泉場ということになる。地方の沐浴について記された文書が登場するのは、明治が始まってしばらくたってからのことである。

まず、大森貝塚を発見した人物としてつとに有名なエドワード・モースの記述からである。モースは、一八七七（明治十）年六月十七日[35]、彼の三十九歳の誕生日の前日に横浜へ入港している。そして、東京大学に赴任する前の十日間、デイヴィッド・マレー博士と日光見物に出かけた。日光・湯元の小村に着くと「一つの浴場には六、七人が入浴していたが、皆しゃがんで肩まで湯に浸り、時に水を汲んで頭からかけて」いる人々をモースは目撃する。さらにモースは「然し最も驚かされたのは、老幼の両性が一緒に風呂に入っていて、而もそれが（低い衝立が幾分かくしてはいるが）通行人のある往来に向けて開け放しである」[36]からだと記す（図2－7）。モースは、混浴という習慣にもさることながら、裸体を公衆の面前にさらしても恥じない日本人に戸惑いを隠せなかったようである。

図2－7　モースの描いた湯元の浴場

次に、一八七八（明治十一）年に、北海道の奥地へ旅行したイザベラ・バードの記述を引こう。英国人女性のバードは探検家として世界各地を訪ね、その記録を多くの書籍を通して紹介している。北海道行きを記した『日本奥地紀行』もそのひとつである。この旅の途中バードは、青森県黒石の下中野で「長方形の陥没の縁に沿って家が立っており、その底部に浴場がある」という場所に至る。車夫に連れられたバードは浴場の中に入っていく。やや肥満した四十六歳の英国人女性は衣服を着たままである。入浴する気はない。見物である。

「浴場は四つあるが、形式的に分かれているだけで、入口は二つだけで、直接に入湯者に向かって開いている。端の二つの浴場では、女や子どもが大きな浴槽に入っていた。中央の浴場では、男女が共に入浴していたが、両側に分かれていた」。かなり慎重な書き方ながらバードは混浴の様子を記す。さらにバードは続ける。「しかし入湯者は親切にも、私のような不本意な侵入を気にとめなかった。車夫は、そんなことをして失礼だとは少しもわきまえずに、私を連れて入ったのである。浴場においても、他の場所と同じく、固苦しい礼儀作法が行なわれていることに気づいた。お互いに手桶や手拭いを渡すときは深く頭を下げていた」。

一通り浴場を観察したバードは、こうした混浴の習慣も終わるだろうと予想する。「政府は最善をつくして混浴をやめさせようとしている。このような遠く離れた田舎へ社会改革の波が押しよせてくるのは、時間がかかるであろうが、遅かれ早かれ、やってくることはまちがいない(37)」。後にふれるように、バードの予言は正しい。しかし、間違ってもいる。というのも、公衆浴場から混浴は一掃されたが、温泉地では現在でもまだ混浴が行われているからである。

さらにもう一例である。時代はかなり下って一八八六(明治十九)年、フランス人ギュスターヴ・グダローは横浜から新潟へ旅した。その途上グダローは、湯原温泉近くの小日向村で共同浴場を目撃している。そして彼は、その湯につかりもしている。「この大きな浴槽の中で、私がたった一人だったとは思わないでほしい。私は三五人から四五人の日本人、それもあらゆる年代の男女と一緒だったのである。子供たちはきゃっきゃっとはしゃぎ廻り、娘たちは青年に背中を流してもらい、みんな家族のように振舞い、くつろいでいる。私は村の全部の人と一緒に入浴したと確信している。通りすがりの入浴者がいるとは思われなかった。みんな、ずっと前からの知り合いのようである」。グダローの記述によると、この浴場は旅行客を対象としたものではなかったようである。純粋に村の共同浴場のようである。しかし、このおおらかな入浴風景は何たることか。羨ましささえ覚えてしまう。

　グダローが驚いたのはこれだけではない。当時、外国人が街頭を歩いていたら、日本人は「唐人」を見るために黒山の人だかりとなる。唐人とは当時の外国人一般を指す言葉である。現代の「外人」に近い言葉であろう。「ところが、私がもっとも簡単な服装（筆者注：はだかのこと）で浴場に入り、四つの区画を次々に移って行っても、何の印象も与えなかった。娘たちは相変らず何もなかったかのように、体をこすったり、こすり合ったりしているし、老人たちは浴場の縁に座って足を湯につけ、パイプを煙らせながらしゃべり続けている。誰も全然驚いている様子がない」と、その時の様子をグダローは記している。そして、「結局のところ、もっとも驚いているのは私なのである。私を日本人と思っているのだろうか？」[38]と疑問を呈す。街頭での日本人と浴場での日本人は、それほど振る舞いに大きな違いがあった。

まだら模様の入浴事情

以上、日本各地で行われていた入浴習慣について見てきた。これらを総合して判断すると、公衆浴場における混浴の習慣は決して下田だけに見られたものではない。日本全国に広く行き渡っていた習慣と考えるのが妥当である。ただし、日本全国が一律混浴だったと考えるのは不適切である。地域や身分によっては男女別の入浴も見られた。

そもそも幕府は入込湯を厳しく禁止しようとした。そのため、オリファントやアンベールの証言にあるように、江戸の町には男女別の公衆浴場があった。この点については、喜田川守貞も『守貞謾稿』の中で記している。式亭三馬は『浮世風呂』の中で、男湯と女湯の情景をおもしろおかしく紹介したのも、浮世絵に見られる男女別公衆浴場の様子も、当時の公衆浴場の風景を切り取ったものであろう。しかし、江戸が一律混浴でなかったと考えるのも早計のようである。寛政の改革の「混浴禁止令」の中で「町中男女入込湯の場所これあり、右は大方場末の町々に多くこれあり」という文言が見えた。加えて、「山の手の湯は女人とて隔てなし」[39]という川柳もある。つまり、江戸でも場所によっては混浴があったと考えるのが適切である。

身分による習慣の違いも考えられる。儒学を尊ぶ武士、中でも高級武士の場合、混浴に対する認識は一般民衆と異なったものだったであろう。たとえば会津藩には、地区を単位とした少年団である「什《じゅう》」に、「什の掟」と呼ばれるものがあった。藩校に入学する前の男児は必ず什へ参加しなければならなかった。よってこの掟は、藩内の男子が幼少より守ってきた戒律である。「年長者の言うことに背いてはなりませぬ」から始まる掟は全部で七項目ある。その七番目は「戸外で婦人と言葉を交えてはなりませぬ」というものであった。このような士風で育った真の武士にとって、庶民の混浴ははしたない習慣と映ったのではないか。

　また、そもそも公衆浴場に出入りする習慣がなかった日本人もいた。幕末の外科医で幕府の奥医師だった桂川甫周《ほしゅう》（国興《くにおき》）という人がいる。咸臨丸でアメリカに渡った木村喜毅の義理の兄である。明治維新後に隠居して浅草で暮らしていた甫周に関して、娘の今泉みねは次のように記している。「父も父で、初めて銭湯にまいりましたが、どこにはいっていいのやらとまどいして、初めは水風呂にはいりましたそうですが、いかにも我慢にも我慢ができず、とび出てこんどはまたとなりの上り湯に足を入れようとして、ふと気がつくとももやもやした湯気の立っている大きな湯ぶねから人が上って来ましたので、はじめてそこかとわかったという話ひとつ話ものこっております」(40)。みねの父甫周にとっては内風呂が常識で、石榴口の向こうに浴槽があることすら知らなかったのである。

　さらに、武士の家に生まれた女性も、混浴には否定的だったはずである。貝原益軒の『女大学』には、「女子は稚時《いとけなきとき》より男女の別を正しくして、仮初にも戯たることを見きかしむべからず。古の礼に、男女は席《しきもの》を同じくせず、衣裳をも同じ処に置かず、同じ処にて浴《ゆあみ》せず、物を請わたすことも手より手へ直にせず、夜行くときは必ず燭《ともしび》を燈《とも》してゆくべし。他人はいふに及ばず、夫婦兄弟にても別を正しくすべし、となり(41)」とある。こうした教育を受けた女性が、わざわざ混浴の公衆浴場に行くとは思えない。入浴は内湯か行水、仮に風呂につかりに行くとしても男女別の公衆浴場だったのであろう。

同様に、大店の女主人ももっぱら女湯に通ったようである。たとえば、豪商福田屋の後家（女主人のこと）は、「女一人、小坊主一人を伴い、堺町辺の女風呂へ通った(42)」という記録がある。

男湯へ入る年かと母しかり(43)――。こんな川柳も見られるわけで、町人の間でもひとかどの商人などは、武家の影響も受けて、混浴を避ける習慣があったようである。筆者がある人と話していて、話題が幕末の混浴になった際、その人は「江戸時代の混浴は常識でしょう」と語った。しかしこの〝常識〟は間違っている。入込もあれば、男女別の入浴もあったのが、当時の現実なのである。

風呂にすら入れない人々

さらに、混浴どころか、そもそも日常的に湯に入る習慣が日本全国に行き渡っていたと早合点するのも問題である。先にふれたイザベラ・バードは報告する。「ここはたいそう貧しいところで、みじめな家屋があり、子どもたちはとても汚く、ひどい皮膚病にかかっていた」(44)。さらに山間部へ進むうちに状況はもっとひどくなる。「彼らの身体や着物、家屋には害虫がたかっている。独立勤勉の人たちに対して汚くてむさくるしいという言葉を用いてよいものならば、彼らはまさにそれである」(45)。この様子には、バードに同行する日本人通訳も驚いたらしく「こんな場所を外国人に見せるのは恥ずかしい」(46)と漏らす。

それから別の村では、多くの病人がバードの薬を求めてやって来る。「父親や母親たちは、いっぱい皮膚病にかかっている子、やけど頭の子、たむしのできている子を裸のまま抱きかかえており、娘たちはほとんど眼の見えなくなった母親の手をひき、男たちはひどい腫れ物を露出させていた。子どもたちは、虫に刺され、眼炎で半ば閉じている眼をしばたいていた。病気の者も、健康な者も、すべてがむさくるしい着物を着ていた」。

バードが彼らに与えたアドバイスはこうである。「私の国では絶えず着物を洗濯すること、絶えず皮膚を水で洗って、清潔な布で摩擦すること、これらは同じような皮膚病を治療したり予防したりするときに医者のすすめる方法である」(47)と。一八六〇（万延元）年に来日した宣教師ジョージ・スミスは「彼らが着る衣服は、時に数ヶ月かそれ以上、洗濯されない。その代わり、特に下層階級では、身体を洗う熱い風呂が、洗濯しないために生じる数々の問題や不便を解消するための手段になっている」(48)と日本人を評した。しかしバードが見た日本人は、明らかに入浴しておらず、仮に入浴していたとしても、それは極めてまれだった、と言わざるを得ない。

本章の冒頭で立てた問いは、公衆浴場における混浴が日本全国で行われていた習慣だったのか、ということであった。これに対して、外国人の多様な記録から、幕末当時、混浴は広く日本に行き渡っていたことは確かである。決して下田だけの習慣ではなかった。ただし、これを根拠に、当時の日本は混浴一色だったと結論づけるのは速断である。混浴の公衆浴場あり、男女別の公衆浴場あり、湯につからなかった人、つかれなかった人、もっぱら内湯だった人、さらには銭湯の入り方を知らなかった人もいた！　このように、当時の入浴事情はまだら模様だったと理解すべきである。そしてこれを念頭に置いた上で、混浴は当時の日本に広く普及していた習慣だと考えるべきであろう。

そして、あのヴィルヘルム・ハイネは、この日本人の一般的習慣を下田公衆浴場図として的確に描写したのである。

第3章　日本人にとってのはだか
～現代とは異なるはだかへの接し方～

はだかに無関心な日本人

第一章と第二章では、主に外国人の目に映った、幕末～明治初期の公衆浴場の様子について、かなり詳しく紹介した。そうしたのには理由がある。まず、混浴の公衆浴場が日本全国に広く行き渡っていた事実を帰納的に証明しようとしたからに他ならない。それともうひとつ、外国人の目に映った、裸体に無関心な日本人についてもふれたかったからである。彼らの記述のはしばしには、混浴という習慣もさることながら、異性の裸体をまったく気にしない日本人への戸惑いがありありと見て取れる。以下は、すでに本書で紹介した外国人の記述である。

「私がいても一向に恥ずかしがらなかった。なぜなら、身体を洗い終わると、彼は丸裸で出てきて、全身を乾いた手拭でこすっていたからである」（ハイネ）

「また外人が入って来ても、この裸ん坊は一向に驚かないし、せいぜい冗談混じりに大声をあげるくらいだった」（ハイネ）

「男も女もおたがいの視線にさらされているが、恥じらったり抵抗を感じたりすることなど少しもない」（スエンソン）

「休憩室では老若男女をとわず、すべての人が白い布もまとわない裸で、性別や年齢、つまり私たちが西洋で礼儀作法と考えるものとはいっさい関係なく、ありとあらゆる姿態で横になっている」（ホームズ）

「少なくともなんらみっともないことは起こさない。いや、はっきりいえば、入浴者は男女の性別などを少しも気にしていないといってもよいようである」（ポンペ）

「我ら不審者の存在にも不快を感じず、黙々と自分の仕事に打ち込んでいる。日本人は互いの様子を無遠慮に観察することもない」（トロンソン）

「あらゆる年齢の男や女、少女や子供が何十人も、あたかもお茶を飲むかのように、周りのことなど気にせずに、立って自分の身体を洗っている」（ティリー）

「然し最も驚かされたのは、老幼の両性が一緒に風呂に入っていて、而もそれが（低い衝立が幾分かくしてはいるが）通行人のある往来に向けて開け放してである」（モース）

「中央の浴場では、男女が共に入浴していたが、両側に分れていた。（中略）しかし入湯者は親切にも、私のような不本意な侵入を気にとめなかった」（バード）

「私がもっとも簡単な服装で浴場に入り、四つの区画を次々に移って行っても、何の印象も与えなかった。娘たちは相変らず何もなかったかのように、体をこすったり、こすり合ったりしているし、老人たちは浴場の縁に座って足を湯につけ、パイプを煙らせながらしゃべり続けている。誰も全然驚いている様子がない」（グダロー）

これらに加えて、田中光顕が坂本龍馬とお龍の三人で混浴の公衆浴場で湯につかったことも思い出したい。さらに、エドワード・モースの経験を追加しておこう。モースが日光・湯元温泉で見た共同浴場については先に記した。この湯元温泉に至る途中に足場の悪い個所があり、モースはたまたま居合わせた「二人の可愛らしい娘」に手を貸してやろうとする。モースは彼女たちにふざけてかかろうとしたわけではない。しかし「彼女等はそう考えたらしく」、モースの申し出を「ゴメンナサイ」といって丁寧に断る。

その翌日、すでに湯元温泉に到着しているモースは、同伴者のマレー博士から温泉の温度を測ってほしいと頼まれる。マレー博士は足が少々悪いのでこの作業をモースに頼んだようである。モースが寒暖計を持って温泉の温度を測りにいく。すると、「この時桶の中から『オハヨー』というほがらかな二人の声がする。その方を見て、前日のあの遠慮深い娘二人が裸で湯に入っているのを発見した私の驚きは、如何ばかりであったろう」(1)。昨日の悪路で出会った二人の娘がたまたま温泉に入っていて、モースに対して気さくに声を掛けたのである。あの遠慮深かった二人が、である。このような状況に遭遇して驚くのは何もモースばかりではないだろう。

それからもうひとつ、こんなエピソードもある。江戸幕府の招きにより文久年間に来日したアメリカの地質学者ラファエル・パンペリーは、北海道の鉱山に滞在している折、役人とともに公衆浴場へ出掛けた。その浴場は使用人や鉱夫らの露天風呂と、役人やその家族が使う屋内風呂に分かれていた。「われわれが屋内の浴室に入ったとき、鉱山頭の妻が家族と入浴していた」。これを認めたパンペリーは引き返そうとする。ところが、それよりも早く夫人が風呂から上がって来て、「彼女は上品に風呂に入るよう勧めながら、皆が入るには狭いので、自分は子供たちと別の浴室にいく」と言ったのである。「いっさいが奥ゆかしく運ばれ、彼女の方にはいささかの困惑もなかったため、わたしは礼節に関する先入観にたいして、どちらの方向から次のショックがくるかがわからなくなり始めた。『思い邪なる者に災いあれ』"Honi soit qui mal y pense" とは、ヴァチカンの彫刻陳列室と同じく、おそらく日本の公衆浴場にも当てはまるだろう」(2)。パンペリーは、裸体にいささかの恥じらいも感じない日本の女性に驚くとともに、邪な思いを抱く自分自身を省みている。

右に示した数々の記録をもとに考えると、当時の日本人は、ハイネが下田公衆浴場図に描いた男女のように、裸体を人目にさらすことにそれほど抵抗はなかったと考えざるを得なくなる。ここには公衆浴場における混浴よりもさらに深い意味が隠されていると言ってよい。なぜなら、公衆浴場の混浴はひとつの現象に過ぎず、その裏にはこの現象を生起させた本質が隠されているはずだからである。そもそも現代の我々が下田公衆浴場図に強い違和感を覚えるのは、裸体を他人に見られるのは恥ずかしい、という常識でこの絵を見るからである。ところが、絵に描かれた男女は、明らかにこの常識の埒外にいる。そのため我々は大いに戸惑うのである。

とはいえ、同じ日本人なのに裸体に関するこれほど大きな意識のズレがあるとはにわかに信じられない――。こうした思いもなかなか捨てきれるものではない。いや、捨てなくてもよい。むしろ、当時の日本人が有していた裸体観がいかなるものか、さらに掘り下げて検討すべきであろう。そして、ここでも外国人の記述は大きな頼りになる。以下、再び当時の外国人の記録を検証し、その中から日本人の裸体観を考える材料になる記述を拾い出してみたい。

裸のまま街頭を闊歩する

まず、裸体を隠す衣服の話題から始めよう。極めて簡単な衣装を着けるだけで済ます日本人は、外国人にとって不思議だったようである。一八五八（安政五）年八月、エルギン卿の秘書として長崎に到着したオリファントはこう語っている。「半裸の男女が横になり、寝そべっている。またその子供たちがこれも裸で這いまわり、またつきること

図3－1『アンベール幕末日本図絵』の馬丁

のない泉（母親の乳のこと）を飲みほうだい飲んでいる。女はほとんど胸を覆わず、男は簡単な腰布をまとっているだけである[3]」。またオリファントは下田でも同様の観察をしている。「長崎と同様、この地でも貧しい階層の人たちは衣装が簡易で、男はほとんど下帯だけ、女はふつう腰から上を露出している[4]」。

職業にもよるが、裸が仕事着だった人も多かった。一八六〇（万延元）年にプロイセン遣日使節団（ハイネが三度目の来日を果たした際の使節団）と一緒に来日した運送船エルベ号艦長ラインホルト・ヴェルナーは、「手工業者、肉体労働者など労働階級の者は、夏場は腰に褌をつけただけで、あとは丸裸だ[5]」と述べる。たとえば駕籠かきや馬丁、さらに明治時代になると人力車夫などは裸が一般的である。スイス人アンベールが見た馬丁の姿を見てほしい（図3－1）。なんともたくましい肉体である。ちなみに箱根の温泉に外国人で最初につかったあのボーヴォワールが、彼の著作の挿絵（図2－6）にこの馬丁を流用している点については、すでに述べたとおりである。

また、男性だけでなく女性も裸が仕事着だった。「女性も家の中で仕事しているときでも、暑いと止むを得ず着物をおおかた脱いでしまうので、裸同然の姿となる」[6]と、ヴェルナー艦長は言う。柳田国男も「夏の仕事着には裸といふ一様式もあつた」[7]と指摘するように、高温多湿という日本の気候上、簡便な衣服でいたり衣服そのものも脱ぎ去って裸でいることは、ある意味自然だったのであろう。また衣服を大切にしようという意識も働いていたようである。いずれにせよ、こうした習慣は外出時に必ず衣服を着けるという意識を弱めこそすれ、強めることはない。

そのためか、公衆浴場から裸のまま自宅に帰ることは特に不思議でもなく、街頭を闊歩する裸体の人物を気にとめる人もいなかった。この驚くべき習慣についても多数の外国人が文字にしている。アンベールの記述はこうである。「入浴客が男であっても、女であっても、通りへ出て風に当たりたいと思ったら、裸体で歩いても、日本の習慣では当たり前のこととみなされ、誰も咎めない。そのうえ、熱い湯に入って、海老のように真赤になった美しい肌の色を褪めさせずに自宅へ帰りたいと思ったら、裸体のままでいても、いっこう差し支えない[8]」。

ほぼ同様のことをポンペも記録している。「このほかにまだきわめて不思議なことがある。それは一風呂浴びたのち、男でも女でも素裸になったまま浴場から街路に出て、近いところならばそのまま自宅に帰ることもしばしばある。全身は赤くなって、身体から玉のような汗が垂れている。けれども誰もそれを見ても気に止めている気配もない」(9)。

一八六一(文久元)年に来日したフランス人デュパンも、自国との風習の違いに戸惑っている。「われわれが羞恥心と呼んでいる感情は、この国の人々の知るところではない。男も女も、毎日銭湯で顔を合わせることに慣れている。銭湯には皆が一緒に入る浴槽がある。だれもが好き勝手に、隣の人のすることなど気にもかけずにそこで湯浴みをしている。そして着衣に腕を通しただけで、きちんと身につけることもせずに走って自分の家に戻って行く(10)」。

外国人がやって来たのを聞きつけて、裸のまま公衆浴場から飛び出してくる人々もいた。これも普通に見られた光景のようである。「此の酷しい気候でも私達が例の熱い湯の前を通り過ぎると、人は丸裸かで私達を見に飛び出して来る(11)」と記したのは、一八六〇(万延元)年のプロイセン遣日使節団の特命全権公使オイレンブルク伯爵である。

それからオリファントも次のように記している。「入浴中の男や女は、石鹼またはその日本的代用品のほかには、身にまとうものもないことを忘れて、戸口に集っている(12)」。

これらの記述から考えると、当時裸体は街頭で日常的に見られるもの、意識して隠すべきものではなかった。言うならば裸体は「日常品《コモディティ》」としての性格を有していたのではないか、という気がしてくる。とはいえ、ここでは速断はひかえ、さらに当時の日本人の習慣を検証しよう。

人目を気にしない開け放しの家

公衆の面前で裸体をさらすことにそれほど躊躇しない日本人は、住まいについても極めて開放的だった。「通常一階は、住んでいる人が寝る時間となり、頑丈で幅の広い、堅い木の板戸で閉められる時まで、開け放たれている。夏には、一目で家の中で起ることが見られてしまう。冬でも、一寸好奇心があれば、住人の生活様式を細かく確かめることは難しいことではない」。こう記したのは、一八五九（安政六）年以来、日本に三度滞在したスイス領事ルドルフ・リンダウである。さらにリンダウは「日本人は野外で生活しているも同じである(13)」とまで指摘している。

スエンソンもリンダウとほぼ同じことを書いている。「日本人の家庭生活はほとんどいつでも戸を広げたままで展開される。寒さのために家中閉め切らざるを得ない時は除いて、戸も窓も、風通しをよくするために全開される」。そして、「通りすがりの者が好奇心の目を向けようとも、それをさえぎるものは何ひとつない」と記す。要するに「欧米人ならできるだけ人の目を避けようとする行為(14)」でも、日本人は何ひとつ隠そうとしないのである。

あのフランス青年貴族ボーヴォワールは、開け放しの家の中で見た女性について書いている。「若い女がひとりで門番をしていたが、ちょうどその時、敷居の上で髪をとかしていた。ところが、その女の身にまとうものといえば太陽の光線、それだけなのだ」。これはおそらく、肌ぬぎをして髪をとく女性の様子を記したものだろう（図3－2）。いずれにしろボーヴォワールは「ここでは万事が変わっている[15]」と、驚きを隠さない。

図3－2　肌ぬぎをして化粧する女

東洋美術の殿堂として著名なパリ国立ギメ博物館の創設者で実業家エミール・ギメは、一八七六（明治九）年八月二十六日に、画家フェリックス・レガメーを伴って日本に上陸する。その翌日のこと、ギメは横浜の小道を散歩している時に出会った情景を描く。「住居を貫いて通っている小道を散策すると、最も飾り気のない場面を目撃する。日本の家屋は完全に分解される。こうした暑い時期には、壁の役目をしている紙の障子をすべて取りはずし、住民たちは、すべての通行人の見えるところで仕事をし、おしゃべりをし、眠っている[16]」。現代の日本、特に都市部では、プライベート空間である自宅の内部は、外部から堅く遮断される。しかし、ギメとレガメーが見た情景は、ほんの少し前の日本では普通に見られたのではないか。

家屋が開放されていたため、無断で屋内へ入り込む外国人もいた。「私はしばしば家にはいりこみ、寝ている家族をみた」と証言しているのは、ジャーディン・マセソン商会と傭船契約を結んで日本にやって来たあのホームズ船長である。ホームズ船長の訪問に対して、日本人は怒ることもなかった。「喉元をつかまれ、蹴られて追いだされてもおかしくはなかったが、そうではなく、私を歓迎してくれた」[17]。このように、裸体を意識せず開放的な住まいをもつ日本人は、ある意味彼我の間に横たわる垣根が、現在に比べて極めて低かったのであろう。

行水は人前でも平気

日本人のこのような習慣を見てくると、日本人が屋外で行水や入浴をしていたとしても、もはやそう驚くことはないかもしれない。「筆者は田舎を徘徊した際、秋の終わりなのに、家の前で行水して坐っている人を見た。（中略）日本人は羞恥心をもたないから、外国人も臆することなく中に入り、その中を見ることができるのである」[18]。こう書いたのはプロイセン使節団アウグスト・ベルク（15ページ団体肖像画上段右側の人物）である。またオリファントも往来で入浴する人々を目撃したと述べている。ベルクやオリファントが言うように、当時の日本人は家の前にたらいや浴槽をしつらえて、行水や入浴をする習慣があった。囲いがしてあるわけではないので、通りからは丸見えだが、誰もが平気だった。これについても外国人は驚きを隠さない。

再びホームズ船長の証言を引こう。「愛らしい少女が家から裸であらわれて、家の前約一二フィート〔三・六メートル〕のところにある長方形の桶の風呂に行く途中、彼女とぶつかるのを避けようとして、私は立ちどまった。彼女は顔を赤らめもせずに私の横を通りぬけ、雄鹿のようなすばやさで風呂にとびこんだ」。ホームズ船長は長崎に初上陸した翌日にこの体験をしている。一八五九（安政六）年二月のことである。船長は裸の少女を前にして、「男が家からとびだしてきて、私が侵入してきたことをとがめるのではないか」と心配する。が、それは杞憂に終わる。「そんなことはなく、きれいな少女はくすくす笑っただけだった。保護者もみえず、その美少女が真昼の太陽のなかではしゃいで楽しむのをそのままにし、公道でみられた奇妙な光景を回想しながら、私は、女性にやさしい船乗りとして、帆を一杯に張って歩をすすめた[19]」。ホームズ船長の言う「帆を一杯に張って」という表現は少々意味深だが、ここでは深く追及しないでおこう。

「個人の浴場は裏庭におかれて」いたというエルベ号艦長ヴェルナーは、その様子を次のように語っている。「高さ一メートルあまりの円筒形の湯ぶねの直径は、約一メートル、下部にたき口がついている」。おそらくヴェルナーが見た浴槽は図3-3のようなものだろう。これはモースがスケッチしたもので、当時広く見られた浴槽のひとつである。「だが前述したように、家屋は奥まで街路から見通せるようになっているために、通行人は心ならずもこの家庭的入浴風景の目撃者になる。しかも何らの遮蔽もされていないのでごく近くからの見物人になる」[20]。先にもふれたように、日本の家屋は開放的である。したがって、風呂の設備が裏庭にあっても、通りから見える。

イラストレイテッド・ロンドン・ニューズ特派画家兼通信員チャールズ・ワーグマンも、ヴェルナーと同様の光景を目撃している。一八六一（文久元）年四月二十五日に長崎に着いたその翌日のことである。「午後四時ごろ、われわれは現地民がまっぱだかで――男も女も子供も――同じ四角い風呂桶で入浴しているのを見た。桶の下にある火が、水を暖めていた。彼らはしゃぼんでこすったり、湯をはねてざぶざぶ音を立てていたが、われわれが見ていても、少しも恐れなかった」[21]。

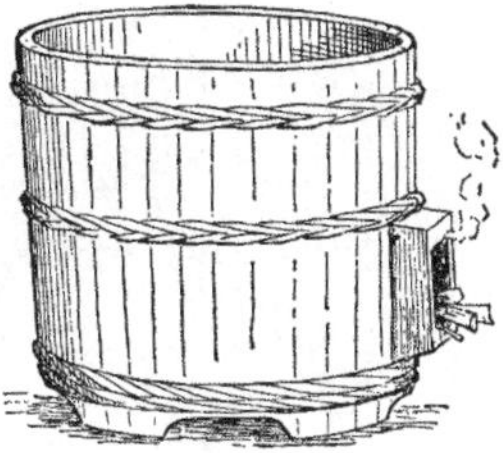

図3－3　モースの描いた当時の浴槽

スイス領事リンダウと一緒に横浜から金沢へ遠乗りに出かけたボーヴォワールは、旅の途中に行水を見ている。一八六七（慶応三）年四月二十四日のことである。「われわれが村を通り過ぎようとする時など、騎馬の一行の蹄の音に、子供の群れは、『唐人、唐人（筆者注：外国人だ）』と叫び、たらいで行水中の娘は大急ぎで出てわれわれを見つめ、笑いかけ、相も変わらず『シャイオ』というのである」[22]。先にもふれたが、当時は外国人を一括りにして「唐

図3－4　レガメーの描いた行水シーン

人」と呼んだ。また「トージンバカ」と呼んだ記録も残っている[23]。「シャイオ」は「オハヨー」または「コンニチハ」のことだろうか。それはともかく、行水していた娘がたらいから飛び出して、逃げるのではなく、外国人のそばにやって来るのである。当然、裸のままである。外国人に対する好奇心、自分の裸体に対する無関心、これらは浴場から裸のまま飛び出してきた人々とまったく同様である。

横浜の小道で開け放しの家屋を見たギメとレガメーは、ここで日本人の行水をも目の当たりにする。それは、「習慣では一日に少なくとも一度は入浴するが、旅行者がいても、この清潔にするという義務を実行するのに、男や女たちは何らの気兼ねもしない[24]」。少々遠回しな言い方だが、この一文の傍らには、ギメに同行していたレガメーによるスケッチが添えられている。家族の行水シーンである（図3－4）。家屋の玄関だろうか。たらいが二つ置いてあり、大きい方では子供二人が行水している。小さい方では裸の母親が洗濯をしている。その後ろには、丸裸の子供が傘をさし、父親らしい人物が柱に寄りかかって子供達の方を見ている。

レガメーが手帳に記した日記にも、同様の様子がつづられている。日付は彼らが横浜に到着した翌日に相当する一八七六（明治九）年八月二十七日である。「午後遅く――近くの草木や花や田んぼの中を散歩をする、最も純粋な裸の光景が歩みを進める毎に現れる」。そしてこれに続く次の一文に注目したい。「ほんの幼い子供がオレンジ色の紙の傘を拡げて手にしている[25]」。先の家族の行水シーンには、少々不釣り合いな傘をさす子供がいた。レガメーの記述内容とこの子供の様子はピタリと一致する。

レガメーは続けて記す。「さらに先にゆくと、その美しさも見事な植物、紅白の蓮の花が咲き乱れている池が、道路とへだだ《ママ》ている家の入口の前で、一家全員揃って、若い母親も、若い娘達も夕方の沐浴をしている[26]」。残念ながらレガメーの記録に挿絵はない。が、ここに記されているのは、まぎれもなくギメの記録に掲載された家族の行水シーンである。レガメーはこのシーンに、道すがら見た紙の傘をさす子供も加えて、一枚の絵にしてギメの挿絵にしたのではないだろうか。

もう一人、日光の湯元温泉で裸の二人娘に遭遇したモースにも再登場してもらおう。モースは、この日光からの帰りに屋外での沐浴を目撃している。「一軒の家の前の、殆ど往来の上ともいう可き所で、一人の婦人が例の深い風呂桶で入浴していた。かかる場合誰しも、身に一糸もまとわぬ彼女としては、家の後にかくれるか、すくなくとも桶の中に身体をかくすかすることと思うであろうが、彼女は身体を洗うことを中止せずに平気で我々一行を眺めやった」。ちなみにこの時、モース一行の人力車夫たちは彼女に顔を向けもしなかった。これに関してモースは「事実この国三千万の人々の中、一人だってそんなことをする者はないであろう」[27]と述べている。

水浴びするニンフたち

屋外での行水や入浴同様、水浴びも人目をはばからず行われた。しかも妙齢の女性たちが、である。この件に関してはプロイセン遣日使節団の特命全権公使オイレンブルク伯爵の記録が印象的である。それは、オイレンブルク伯爵一行が一八六〇（万延元）年九月二十八日に、江戸郊外にある王子へ遠乗りした時のことである。一行は七名で三人の召使い、さらに十人の役人の総勢二十人という顔ぶれである。もちろんこの中には、下田公衆浴場図を描いたヴィルヘルム・ハイネも含まれている。

この王子行きのピクニックでは、ちょっとした逸話がある。彼らは、途中「無数の小植物と小さい木を持っているある植木屋」に立ち寄っている。この植木屋には娘がおり「私達が話しかけると何時も可愛らしく顔を赤らめる」ようなおくゆかしい女性である。そして、「この若い女の子にたちまち私達一行の中の若い人々は心を奪われ」、彼らをその場から出発させるのに一苦労したとオイレンブルク伯爵は記す。この記述からはほんの一瞬ながら、当時の外国人と日本人との心の触れ合いを知る思いがする。

一行はその日の十一時に王子に着いた。王子では茶屋で一服する。そして、素晴らしい風景に故郷の領地を思い出すオイレンブルク伯爵は、江戸の宿舎から届けさせておいた昼食に舌鼓を打つ。その間、「茶屋の女将と首と胸を白く化粧した四人の女」が一行の相手をした。しかし、オイレンブルク伯爵にとって彼女たちの行動は無遠慮に映った。

それにも輪をかけて無遠慮かつ大胆な行動をする者が出てくる。「それよりももっと遠慮のないのは隣家の二人の若い女であって、彼等は突然河に入って沐浴をし、その限りない純真さで欧羅巴人の目に姿を曝すのであった」[28]。少々遠回しな言い方ながら、要するに茶屋の隣に住む若い女性が、一行がいるにもかかわらず、その眼前で水浴を始めたのである。オイレンブルク伯爵は正確には記述していないが、もちろん一糸まとわぬ姿だったのは言うまでもないであろう。中でも、植木屋の娘に心を奪われた一行の若い人々の目が、この水浴するニンフに釘付けになったことは想像に難くない。昼食も忘れて、ポカンと口を開けていたのではないか。また、一行の警備にあたっていた役人が、水浴する女性たちを注意するわけでもなかったという点にも注目したい。これは、役人にとってもこの光景が、ごく日常的なもの、しごく自然な振る舞いとして映っていたからであろう。

時は少々下るが、フランス青年貴族ボーヴォワールも、オイレンブルク伯爵一行と同じ王子で水浴をする人々を目にする。一八六七（慶応三）年五月一日のことである。滝のそばの急流近くにある茶屋で昼食をとっていたボーヴォワールは、「けしからぬことが幸いにも起こらないのが、この国の素朴な習俗の特徴であるが、そのお陰で、娘と若者五十名ほどが急流の清らかな水の中で戯れていた(29)」と水浴の様子を記す。オイレンブルク伯爵の記述は若い女性二人だが、ボーヴォワールが見たのは、多数の若い男女である。なお、ボーヴォワールの記録に示されている数値は、いずれも少々多めのような気がする。この五十名という数も割り引いて考えるべきかもしれない。いずれにしろこの場所は、近隣の人々の水浴場として知られていたのだろう。

また、人前での行水や水浴ばかりか、そもそも日本人は、性器を隠そうとする意識が極めて低かったようである。初代駐日アメリカ総領事タウンゼント・ハリスは、通詞ヘンリー・ヒュースケンが「相当な身分の日本人の家へ行った」際の話を次のように記している。「その日本人は極めて親しい態度で彼を迎え、茶などを馳走した。それから、その日本人は色々な物——人体の各部——手——腕——眼についての英語の名称を聞きはじめた。そこには、その男の妻や娘もいたことを記しておこう。その人たちは、すべてを見たり聞いたりするために、その周囲に集まっていた」。色々な名前を聞いた日本人男性の興味は尽きない。とうとうその男は、「着物の前をひらき、彼の陰部を手に持って——女たちがみな見ているところで——その各部の英語の名称をきいたのだ！(30)」という。現代の日本では信じられない光景である。

前出のエルベ号艦長ヴェルナーも次のように語る。「絵画、彫刻で示される猥褻な品物が、玩具としてどこの店にも堂々とかざられている。こちらの品物を父は娘に、母は息子に、そして兄は妹に買ってゆく」。当時は、男性や女性の性器をかたどったものが、金《こん》神社の縁日で普通に売られていたという。たとえば、男性の性器をかたどったものは金精《せい》様と呼ばれていて、廓では千客万来の願掛けとして拝まれていた。さらにヴェルナーは言う。「一〇歳の子どもでもすでにヨーロッパでは老貴婦人がほとんど知らないような性愛のすべての秘密となじみになっている(31)」。他の外国人の報告でも、子供や女性が平気で春画本を見ると記述されているが、ヴェルナーはこの点を指してこのように書いたのであろう。

現代と異なる裸体観

以上見てきたように、当時の日本人の裸体に対する意識は、西洋人がもつ裸体観と大きなギャップがあった。キリスト教では、アダムとイヴが禁断とされた知恵の実を食べたため、自分の裸を恥じるようになったと考えられる。特に規律を重んじる敬虔なプロテスタントでは、裸体を宗教的禁忌として色眼鏡で見る。したがって、裸体を人前にさらすことは恥ずべきことであり、これはキリスト教に深く帰依する当時の欧米人にとって一般的な感情だった。

また、裸体を平気でさらす日本人に嫌悪感を覚えたのは、西洋人だけではない。東アジアの儒教国から見ても、日本人の裸体に対する意識は奇異に映った。儒教では孔子以来、肌を見せることは卑しいと考えるからである。この儒教思想の立場から日本人の習慣を見た記録が残っている。

徳川幕府では征夷大将軍が交替すると、原則として朝鮮からの使者を招く慣例があった。いわゆる朝鮮通信使である。徳川吉宗が八代将軍に就任した際、第九回目の朝鮮通信使が一七一九（享保四）年に来日した。この使節団の製述官（書記官）申維翰《シンユハン》が『海游録』という日本紀行を残しており、そこに次のような一文がある。「淫穢《いんわい》の行はすなわち禽獣と同じく、家々では必ず浴室を設けて男女がともに裸で入浴し、白昼からたがいに狎《な》れあう。夜には必ず燈を設けて淫をおこない、それぞれ興をかきたてる具をそなえて、もって歓情を尽くす。すなわち人びとは懐中に画軸を貯え、華牋《かせん》数幅のそれぞれには、百媚千嬌《ひゃくびせんきょう》の雲情雨態（男女交情）を写す（浮世絵の春画のこと）。また春薬（媚薬）が数種あり、その荒惑（心が狂いまどう）を助けるという(32)」。

朝鮮は高句麗・新羅・百済の三国時代（四〜七世紀）からすでに儒教の影響を受けている。そして十四世紀に始まり二十世紀まで続く李朝では、仏教を排して儒教を国家の基本思想にすえた。申維翰はそのような背景のもとに来日した。よって、「男女がともに裸で入浴し、白昼からたがいに狎れあう」という日本人は、儒教的尺度から見ると「禽獣」に等しかったようである。また、申維翰の言葉から思い出すのが、ペリー一行の首席通訳官として来日したサミュエル・ウィリアムズである。すでにふれたように、ウィリアムズは「裸体の姿は男女共に街頭に見られ、世間体なぞはおかまいなしに、等しく混浴の銭湯へ通っている。淫らな身ぶりとか、春画とか、猥談などは、庶民の下劣な行為や想念の表現としてここでは日常茶飯事であり、胸を悪くさせるほど度を過ごしている」と述べた。プロテスタント宣教師と儒教国家書記官の見方は、奇妙なほど一致している。

もっとも、プロテスタント派のクリスチャンでもなく、儒教の信奉者でもない、一般的な現代日本人から見ても、当時の日本人のそれは明らかに異質と言わざるを得ない。では、現代の日本人が裸体に投影する意味とは何か。この章の冒頭で「裸体を他人に見られるのは恥ずかしい」と考えるのが現代の常識だと述べた。これは言い換えると、裸体とは「羞恥心を喚起するもの」である。そして、宗教的信条にかかわらず、当時の外国人や現代の日本人は、裸体に羞恥を覚える社会が健全だと考えている。裸体は羞恥心に強く拘束されており、よってこの縛りから逸脱する行為、たとえば公衆の面前で裸体をさらすような行為は、反社会的行為であり不道徳として取り扱わざるを得ない。時代背景こそ異なるものの、このように裸体が羞恥心と直結するのは、当時の外国人も現代の日本人も、ほぼ共通の感性だと言える。

ところで、本書では羞恥心という言葉をたびたび用いてきた。ならば羞恥心とは何か。広辞苑は羞恥を「恥かしく思う気持。はじらいの感情」と定義する。ただしこの恥じらいには「性的な対象を見て恥ずかしいと思う心」[33]が含まれている点が特徴である。「性的な対象」をより具体的に言うと、性的行為《セックス》を想起させるあらゆるものと考えればよい。この点をふまえて、フランスの思想家ジャン゠クロード・ボローニュは、羞恥心を「性的なことを行なったり考えたり、あるいはそのような事物を目撃したりした場合に人が感じる恥、困惑の感情」[34]と定義する。つまり、羞恥心をもつということは、裸体とセックスを強力に結び付けることに他ならない。そして、当時の外国人も同じだった。

ホームズ船長は行水する娘に出くわした時、「男が家からとびだしてきて、私が侵入してきたことをとがめる」と考えた。現代の我々は、このホームズ船長の気持ちがよくわかる。見知らぬ女性の裸体を前にした船長は、自分が覗きかあるいは性的行為におよぼうとしていると、周囲から見られるのではないかと瞬間的に考えたのであろう。また、王子の滝で若い男女が水浴するのを見たボーヴォワールは、「けしからぬことが幸いにも起こらないのが、この国の素朴な習俗の特徴である」と語った。現代の我々は、この「けしからぬこと」が何を指しているのかもわかる。

あるいは、ハリスは、日本の混浴習慣について「何事にも間違いのない国民が、どうしてこのように品の悪いことをするのか」判断に苦しむと考えた。しかし、「それが女性の貞操を危くするものと考えられていないことは確かである」と述べ、「むしろ反対に、この露出こそ、神秘と困難とによって募る欲情の力を弱めるもの」[35]だと結論づけている。ハリスはこの記述の中で、裸体および混浴とセックスを密接に結びつけていることは明らかである。

ところが、当時の日本人は、裸体を公然と露出していても、貞操が危うくなることはなかった。要は裸体とセックスの結び付きが極めて緩やかだったのである。これを強固に支持するエピソードがある。スイス領事リンダウは、日本人の奇妙な習慣である混浴について、大変育ちの良い日本人と話し合う機会をもった。そしてリンダウは、この習慣についてヨーロッパ人が感じる憤激やリンダウ自身のためらいについて説明する。しかし、その日本人には一向に理解できない。そして「そうですね、私は風呂で裸の御婦人に気づいたとしても、目をそらすことはしませんよ。そうすることに、何か悪いことでもあるのですか」と答えたという[36]。

さらに次のようなエピソードもある。一八六六（慶応二）年に来日したイギリス公使館員アルジャーノン・バートラム・ミットフォードは、日本で行われている混浴について、ある日本の紳士と話す機会があったと回想する。ミットフォードはその人物に対して、「西洋人は男女が一緒に入浴するのは不道徳な行為と考えている」と進言した。するとその人物は「しかし西洋人というのは、何と好色な心の持ち主なのだろう(37)」と肩をすくめたという。ミットフォードが言う不道徳な行為とは、より具体的に言うと、裸体および混浴がセックスを強く想起させ、そこでは性的行為が行われるのではないかと、西洋人は一般に考えている、という意見を表明したのに他ならない。裸体とセックスを強固に結び付けている。これに対する日本人の答えは、まさに肩すかしと言うか、話がかみ合っていない。

このように、当時の日本人にとって、裸体はダイレクトにセックスと結び付くものではなかった。では、当時の日本人にとって裸体とは何であったのか。外国人らの記述から総合して考えると、次の仮説が得られる。当時の日本人は裸体をあたかも「顔」の延長、「顔」と同等のものとして考えていたのではないか、と。

顔の延長としての裸体

現代の我々それぞれが持つ自分の「顔」について考えてみよう。自分の顔に羞恥を感じる人は極めて少ないだろう。筆者の場合、自分の顔が良いとは思っていない。しかしこの顔で電車に乗っても、少しも羞恥は感じない。女性の場合、スッピンで外出することは少ないかもしれない。それでも羞恥心から自分の顔をすべて隠して外出する女性を筆者は知らない。もっとも宗教的信条からそうする女性もいるようだが私の知り合いにそのような女性はいない。また、街に出るといたる所に多様な顔が行きかうわけだが、世の中には他人の顔をしげしげと見てはいけないという不文律がある。これは何も法律として成立はしていないものの、人と人が円滑に社会生活を送るための、あまりにも常識的な暗黙の了解ごとになっている。

以上は現代の我々が「顔」に対してごく自然に適用している社会的規範である。これとほぼ同じ規範が、幕末の裸体にも適用されていたのではないか。外国人の記述から帰納的に考えると、当時の人々が裸体をさらす感覚は、現代の我々が人前に顔をさらすのと大きくは変わらないと言わざるを得ない。公衆浴場で混浴する人々、公衆浴場から裸体で帰る人々、人目をはばからず行水する人々、皆そうだった。また、さらされた裸体はじろじろ見る対象ではなかった。これは現代の我々が、他人の顔をしげしげと見つめないのと同じ暗黙のルールがそこにあったからである。チェンバレンは、ジャパン・メール紙の編集者の言葉を引いて「日本では裸体《ヌード》姿は見られるが、眺めるものはない[38]」と記したが、まさにそのとおりである。このように考えると、公衆浴場での混浴という習慣も理解できる。とはいえ、四六時中裸体をさらしているわけではない。着物も着用するが、これはあたかも女性が化粧をするようなものか。

つまり、当時の日本では、はだかはあちこちで見られるものの、顔の延長にしか過ぎなかった。人間の顔と同じく「日常品《コモディティ》」だった。よって、日常品化した裸体から羞恥を感じるのは極めて困難なのは当然である。リンダウが混浴について問いかけた時、ある日本人男性は「私は風呂で裸の御婦人に気づいたとしても、目をそらすことはしませんよ。そうすることに、何か悪いことでもあるのですか」と答えたことは先にふれた。それももっともである。日常品の裸を見て悪いはずがない。また、そのような日本人の尺度からすると、日常品という裸体からセックスを想起する西洋人は「何と好色な心の持ち主なのだろう」となる。

美術史家若桑みどり氏は当時の裸体に関して次のように述べている。「江戸に習俗としての裸体が徘徊していたということは、身体があっても、それを、自然な身体の危険性をもつものとして見る『視線がなかった』ということを意味するのである。いわば身体そのもののもつ意味が制度化されている、無害なものとなっているのであり、そのために、身体のもつ意味を直視することが前もってタブーとなっており、在っても『無い』ことになっているのである。江戸のように高度に発達した文明社会において、白昼巷間に裸が自由に徘徊できるという理由は、高度に制度化された視線が人間の身体を包んでいた、という理由以外には説明できない。開化以前、日本で裸体が自由に往来していたのは、身体が無化されていたためである(39)」。

要するに、裸体は制度により無化されていたという主張である。この制度を一言で表現したものが「顔の延長としての裸体＝日常品化された裸体」と考えればよい。そして、あえて無化という言葉を使うとすると、裸体が日常品化されることで無化されたわけである。ただ、若桑氏が指摘する「身体のもつ意味を直視することが前もってタブーとなっており」には疑問符が付く。当時の人々にとって、タブーということすら頭に浮かばず、裸体はごく自然にそこにあったはずである。同様に、「高度に制度化された視線が人間の身体を包んでいた」との指摘だが、それほど大げさなものにも思えない。現代の我々が他人の顔を見る際に、「高度に制度化された視線」で見ているのだろうか。ただ、「日常品がごく自然にそこにある」ものとして見ているのだと思う。もっとも、他人の顔をじろじろ見ないということも、高度に制度化されていると言えば、そうなのかもしれないが。

では、裸体が日常品化された場合の極端な例を掲げよう。歌川国貞が描く「女湯喧嘩の図」（図3－5）である。秘所をあらわに桶を振り回す女、それを止めようとする女、洗い場にひっくり返る女、そして石榴口から飛び出てくる女と、女性同士の喧嘩を描いている。それはすさまじいの一言である。色気も何もあったものではない。果たしてこの女性の裸体を見て欲情する男性がいるだろうか。むしろ目をそむけたくなるか、少なくともしげしげとは見ないのが普通ではないか。これは裸体が日常品化したときの状況を象徴的に表現している。

ただし誤解のないように付け加えておくと、当時の日本人が裸体や性器の露出に対し

図3－5　歌川国貞による「女湯喧嘩の図」

てまったく無規則であったかというと、必ずしもそうとは言えない。時と場合によって、これらの露出は制限された。

こんな話がある。一八六七（慶応三）年、この年フランスでパリ万国博覧会が開催されることになった。日本からも使節団が送り出されることになり、将軍徳川慶喜の実弟昭武が名代として博覧会に参加する。一行がフランス行きの途中、インド洋上に浮かぶセイロン島（現在のスリランカ）に立ち寄った時のことである。「同七日（西洋三月十二日）朝七時比錫蘭島（筆者注：セイロン島）の内ホアントドガール（筆者注：現ゴール）に着きぬ」。このように記すのは使節団の一員で後に明治実業界の大御所となる渋沢栄一である。セイロンで一行は下船し、島内の寺院を巡り山頂から絶景を堪能する。この小旅行から帰って来た渋沢は、昼食時の給仕の裸体について書く。「帰り来り午餐に就く。給仕人みな倮体黒身下部を布もて掩《おお》へるのみ。甚だ厭ふべく[40]」。

わずか一行にも満たない文章ながら、渋沢の記述から裸体がいつでも許されるものではない、ということがわかる。まして性器の露出をや、であろう。ちなみに、渋沢自身は農民の出身であり、士風に凝り固まった人物でもないから、武士特有の感覚から出たものではなく、どちらかというと一般民の感覚から出た言葉であろう。

そもそも、当時の日本人の衣服は胸や股間が容易に見えるものだったとしても、常に性器をさらしていたわけではない。それ自体は褌や腰巻きで隠していた。みっともないとか不謹慎だとか、あるいはその他の理由で隠していたのであろう。また、渋沢の一例に見たように、食事中に裸体で給仕する人を厭う規範《コード》というものも存在した。つまり、露出して良い時と悪い時が明らかに存在したということである。

確かに日本人がもっていた裸体や性器を隠す規範は、かなり緩やかなものだったのであろう。ただそれは西洋の基準から見た場合、ということである。要するに、日本と西洋の基準とする規範にはズレがあったのである。そしてもちろん、日本とセイロンの間にも、そのズレが存在したのである。

裸体と春画の関係

右に述べたように、当時の日本人にとって裸体は、顔の延長のようなものであり、日常品化されていた。そのためセックスとの結び付きが極めて緩やかであった。これが筆者の考えである。しかし、このような議論に対して、次のような疑問が生じるはずである。春画は明らかに裸体とセックスが強く結び付いており、裸体からセックスを想起させるよう機能している、と。これはどう解釈すべきなのか。

この疑問に対してはこう答えられる。春画の特徴は、何と言っても性器が巨大化している点である。そして、そのあまりにもデフォルメされた性器が生々しく挿入されている様子を描く。しかも体位が極めてアクロバティックでもある。また、現代のヌードでは、極めて重要なパーツになっている胸部があまりにも簡略化されている。つまり春画の主要テーマは、裸体そのものではなく性行為自体だと考えるのが自然だろう。

現代の我々は裸体を見て性欲を覚える。しかし、そもそも裸体が日常品化した社会では、裸体以外に性欲を喚起する要素が不可欠になる。仮にこれが欠如したままだと生殖行為が減退し民族も衰退するからである。一方で春画は、笑い絵とも呼ばれることから、性器を強調した性交は笑いの対象でもあった。ただ同時に、誇張表現した性交は、時と場合によりセックスのイメージを膨らませ、性欲を喚起させる方便としても機能する。こうして笑い絵は枕絵に早変わりする。しかし枕絵から生まれる性欲は、純粋に裸体からのみ喚起されるものとは別種のものである。あくまでも誇張表現された性器と性行為が性欲を促すのである。これは、一般的なヌード写真よりも、性行為を撮影したアダルトビデオに強い欲情をもよおす、という感覚に近いものだと考えればよい。春画もアダルトビデオも、裸体よりもむしろ性行為自体が主眼なのである。

また、裸体自体が日常品化される社会では、現代とは比較にならぬほど男女の差があいまいになる。そのため、性交を描く場合、いずれが男女かを明確に示す必要がある。ここにも性器を誇大表現した理由があるのではないか。同様の理由で、春画の多くが全裸でないことにも注目すべきである。着物を着せることで、男女の別をはっきりと明示できる。タイモン・スクリーチ氏は「衣服や髪型のジェンダー的コード化がいやが上にも重要にならざるをえなくなった」(41)と記すが、これも裸体が日常品化していたためだと説明できよう。

一方、浮世絵には性交は描かないものの、女性の裸体を表現したものがある、という反論もあるだろう。湯上がり美人図などはその典型である。ただ、こうした絵画にも全裸のものはあまりにも少ない。いずれも、スクリーチ氏の指摘する「衣服や髪型のジェンダー的コード」を身につけているのが特徴である。この点に関して美術史家宮下規久朗氏は「日本人は裸体に対してまったく性的な魅力を見出していないわけではなく、裸体は衣に覆われた部分との緊張関係におかれることによってはじめて性的な魅力を生み出すものであった」[42]と指摘する。つまり裸体がそのまま描かれたのでは日常品の域を出ないので、何らかの演出物が必要になる。

さらに宮下氏は、「性愛は、裸体になるかどうかではなく、場面や状況によって生ずるものであった」と指摘する。そして、その場面や状況について「裸体は目に見えても、普段はじっと見るようなものではなく、性交をしていたり、性器が露出していたりするとき、さらにそれを覗き見るときなど、限られた状況のときにのみ強いエロティシズムを放つ性的身体となるといってよい」[43]と言う。春画は宮下氏の言うまさにその場面や状況を描いたものと言えよう。その場面や状況を強調したのがデフォルメされた性器と性行為、そして衣服や髪型であった。

先のジャン＝クロード・ボローニュはこう語る。「羞恥は中世では行為と結びついていたが（裸の肉体が接することによって惹き起こされる淫蕩な行為）、十六、十七世紀には視覚に依存するようになる」[44]。ボローニュに従うと、当時の日本人の感覚も、どちらかといえば中世の西洋人に近かったのかもしれない。

性をコントロールする方便

我々はハイネの下田公衆浴場図の混浴する男女を見て、同じ日本人でありながら奇妙な違和感を覚えた。同様に、街頭で行水する人々に、公衆の面前で水浴する人々に、公衆浴場から裸で自宅に帰る人々に、我々は奇妙なズレを感じた。これは、あたかも「顔」の延長として裸体を考える当時の文化と、裸体とセックスとを強く結びつけてしまう現代の文化との乖離から生じる。そして、違和感や奇妙なズレを覚える我々の思考回路は、この百五十年の間に、少なくとも裸体観に関してはほぼ西洋化された。現代の日本人にとって当時の日本人は、もはや異邦人なのである。

では、当時の日本人はどういうわけで裸体を日常品化するようになったのであろうか。これは今から思うと大きな謎である。この謎に関するヒントは、解剖学者養老孟司氏が提唱する唯脳論に見出せそうである。唯脳論は「ヒトの活動を、脳と呼ばれる器官の法則性という観点から、全般的に眺めようとする立場[45]」を指す。

脳は人という自己を保存することを大きな目的に機能する。人が消滅すれば脳も消滅するからである。よって脳は自己保全のために肉体を含めた自然を管理しようとする。そして高度に統制された人工的社会、言い換えると脳によって管理された社会を形成する。養老氏はこれを「脳化社会」と呼ぶ。中でも脳が強く管理しようとするのが暴力と性である。暴力は脳を抹殺する。暴力によって自分の脳が破壊されるかもしれない。よって、脳は暴力を強く管理する。また、理性を第一義にする人にとって性欲は極めて大きな敵になる。よって性も脳により入念に管理されなければならない。

性を管理する手法はいろいろ考えられるだろう。ただ大別すると二種類になる。ひとつは性を徹底的に隠す方法、もうひとつは性をオープンにして日常品化する方法である。いずれを選択するのかは「脳」次第である。

性の管理について西洋社会が前者を選択したのは言うまでもない。そもそも西洋は物事を「わけて考える」のが得意である。フランスの哲学者ルネ・デカルトは思考の基本態度として、ものごとを「求められるかぎり細かな、小部分に分割すること」[46]を掲げた。これは西洋流の「わける思想」を的確に表現している。そして、隠すということは他と区別することであり「わける思想」を適用していることに他ならない。

一方、かつての日本人は明らかに後者を選択した。西洋社会の「わける社会」に対比して、日本は「つつむ社会」とも呼ばれる。文化庁長官も務めた心理学者河合隼雄氏は、こうした日本文化の特徴を「中空均衡構造」と呼んだ。これは「力もはたらきももたない中心が相対立する力を適当に均衡せしめているモデル」である。この対極に位置するのが「中心統合構造」だが、これはユダヤ・キリスト教などの一神教に見られる特徴だと河合氏は指摘する。中心統合構造では、中心は絶対的であり相容れぬものを排除する。これに対して中心が空だと「善悪、正邪の判断は相対化」され、「統合するものを決定すべき、決定的な戦いを避けることができる」[47]わけである。つまり併せてつつみこんでしまう。そうした心性をもつ日本人が、性をオープンに管理する道を選んだのは、極めて自然と言えよう。

図3－6　春画に現れる子供

性をオープンに管理する日本の心性を表現した一例として、子供が登場する春画を紹介しよう（図3－6）。喜多川歌麿の『会本妃《ひ》女始《めはじめ》』（一七九〇、寛政二年）にある一点である。自分の姉と見知らぬ男との行為を見付けた弟が、「なぜ、おらが大事のあねさんの腹へまらをつゝこみやアがつた。泥棒め。アレおつかさん、あねさんをまらでえぐらア」と叫びながら男の髪をひっぱる。それに対して姉さんは、「コレ坊や、姉さんが死ぬ〳〵といったは嘘だよ。おぢさんがあねさんをもんでくんなさるのだから、そんなことをしねへもんだよ」と困った様子でいる。そして、「今が大事のとこだよ」[48]と、それでも男との一戦を止めようとしない。まさに笑い話である。しかし、性をここまで奔放に扱うかつての日本人とは、実に不思議な存在である。

同様のモチーフをもつ春画は他にも多数存在する。こうした春画に対して美術史家早川聞《もん》多《た》氏は「日本の性風俗として性愛についてのタブー意識が稀薄であり、そのため性愛の場から子供たちを厳格に閉め出す意識が乏しく、子供たちが性愛の場に比較的容易に近づけたといふ現実が反映してゐると考へられる[49]」と述べている。では、性愛をオープンに管理するとどうなるか。性愛に不可欠な裸体もオープンにならざるを得ない。このように裸体が日常品化され、顔の延長のようなものとして機能する。このように裸体が日常品化された背景には、性をオープンに管理するという脳による基本方針があったのである。

異なる価値基準を前にして

性を徹底的に隠すのか、それとも日常品化するのか、これらは両極端のように見える。しかし、脳が性を管理するという意味では目的は同じである。手段が異なるだけである。先の若桑みどり氏の言葉を援用すれば「この二つは、両極にあるようみえるが、ある社会の中で身体が文化によって統御されていたという点では同じである[50]」ということである。社会を維持するために脳がいずれかを選択したに過ぎない。

ただし、裸体を徹底的に隠蔽する文化と、裸体を日常品化する文化とが遭遇したとき、大きな衝撃を受けるのは明らかに前者である。隠蔽の否定は、理性の最大の敵である性を白日の下に引き出すことになる。これは理性の危機、裸体を隠す文化の危機でもある。こうして中心統合構造の原理が働いて、裸体を日常品化する文化を排除しようとする。

我々はすでに、異なる価値基準を前にして裸体を排除しようとする立場について見てきた。その代表のひとつが『ペリー艦隊日本遠征記』の論調である。ここでは混浴や猥褻図画の氾濫に対して、理解し難いものであり、日本人を「淫猥な人たちだ」と決めつける。そして、これらを「胸が悪くなるほど度が過ぎているばかりか、人が汚らしく堕落したことを示す恥ずべき烙印」と断定した。ペリーに随行した通訳サミュエル・ウィリアムズも同様である。ウィリアムズは、日本人を「慎しみを知らないといっても過言ではない」「淫らな身ぶりとか、春画とか、猥談などは、庶民の下劣な行為や想念の表現としてここでは日常茶飯事であり、胸を悪くさせるほど度を過ごしている」と斬り捨てた。そして、彼が訪れた国の中で「この国が一番淫ら」だと断定する。また、ペリー艦隊ミシシッピー号士官スポルディングも、「ここで行われている嫌悪すべき不道徳な習慣からは目をそらすことはできない」と指弾した。

ペリー一行以外にも裸体の露出や混浴に否定的な人物は多数いる。「われわれが羞恥心と呼んでいる感情は、この国の人々の知るところではない」と言ったのは、フランス人デュパンである。また、ウィリアムズと同様敬虔なキリスト教信者ジョージ・スミス主教は、「そこには慎み深さや道徳的に不作法だという意識は皆無」とした上で、「日本人は世界中で最も破廉恥な人種[51]」だと決めつけている。さらに、ポーハタン号副艦長ジェームス・ジョンストンは「女性の貞節に関して私が以前から持っていた見解への衝撃は、容易に収まりはしなかった」と、裸体を日常品化する文化との遭遇で受けた大きな衝撃を語っている。そして「利口だが嫌悪すべき人間」と日本人を評した。さらに朝鮮通信使の一員で儒教の信奉者である申維翰は、日本人を「淫穢の行はすなわち禽獣と同じ」と断定した。

違いを乗り越えようとする努力

しかし、裸体をあらわにする文化を排除するのではなく、そうした文化との共存を提唱した外国人が意外に多いのも、注目すべきことである。この点については、すでに渡辺京二氏が著書『逝きし世の面影』の中でふれているが、極めて重要な点なのでそうした外国人の意見を記そう。まずは長崎にやって来たあのホームズ船長である。公衆浴場で裸のまま横たわる男女を見てホームズ船長はつぶやいた。「これらの人々は、人間が堕落する前にエデンの園にいた人間の最初の祖先と同じように純粋なのだろうか」。しかし、船長はそうではないと考え直す。「かれらが純粋で貞操がかたいからではなく、日本の習慣なのである」。ホームズ船長は、長い航海の経験から「郷に入っては郷に従え[52]」を旨にしているとその著書で記している。日本人の習慣についても、この方針を踏襲しているようである。

エルベ号のヴェルナー艦長も、日本の習慣を容認する一人である。ヴェルナーは、日本の習慣について「羞恥とは単に微妙な感情ばかりでなく、気候によっても変更される概念である。気候が暑くなればなるほど、人々は物事にわずらわされず、衣服の着用にもこだわらない」と、地理的な根拠から擁護する。さらに「彼等は慎み深さや、羞恥についていて、別種の観念をもっている」と指摘した上で、外国人が日本の習慣にふれたときに受ける衝撃のメカニズムを冷静に分析する。日本人は「交際する形式からしても、いかにもヨーロッパ風であり、一般に洗練され、折り目正しい態度」をとるとヴェルナーは言う。そのために「われわれは知らず知らずのうちに、われわれの教養の尺度をあらゆる状況に適用してしまう。そのために、突然われわれの習慣的な物の考え方からすれば、まったく異質なものにめぐり合ったとき、われわれは異様で不愉快な衝撃を受けるに違いない」とヴェルナーは言う。先のジョンストン副艦長が受けたショックはまさにこの類のものだったと言えそうである。そして「われわれの習慣ではひたかくしにされる自然のありのままの姿を、彼らがあからさまにあつかうことを罪悪とみなすようなことはあるまい[53]」と締めくくる。要するに、ヨーロッパ人の尺度を唯一にするのは間違っている、というのがヴェルナーの立場である。

フランス人の弁護士で一八七二（明治五）年に日本政府に招かれたお雇い外国人ジョ

ルジュ・ブスケは、ヴェルナーの言う日本人の「別種の観念」を「実直な習俗」と表現する。そして、実直な習俗だからこそ裸の習慣と調和すると主張する。「（日本人の女性は）男女混浴の公衆浴場にいってもかまわない、これはつい最近までは江戸にもあったし地方では今でもある。彼女の羞恥心は何ら傷つけられない、彼女が予め不安を感じていないからである。皆が自分の身体をこすり、石鹸で洗い、熱い湯に浸っている浴場の光景は、結局実直な習俗は裸の習慣と調和できることを証明している」[54]。ちなみに、ブスケの指摘を対偶でとらえると、「裸の習慣と調和できないならば、実直な習俗ではない」となる。言うまでもないが、元の命題が真ならば対偶も真になる。

スイス領事リンダウは、ヴェルナーやブスケの分析をさらに一歩進めて、外国人自身の非について指摘する。「羞恥心とは、ジャン・ジャック・ルソーが正当にも言っているように『社会制度』なのである」と言うリンダウは、「フランス人の羞恥心は、回教徒の羞恥心と別物であるだけでなく、今日のわれわれの羞恥心も、われわれの祖先の羞恥心とは多くの点で異なっている」と指摘した。そして、「各々の人種はその道徳教育において、そしてその習慣において、自分達の礼儀に適っている、あるいはそうではないと思われることで、基準を作ってきているのである」と言う。つまりリンダウは、道徳や習慣の尺度は人種や時代によってさまざまだという立場をとる。そして、「率直に言って、自分の祖国において、自分がその中で育てられて来た社会的約束を何一つ犯していない個人を、恥知らず者呼ばわりすべきではなかろう[55]」と、リンダウは日本人の習慣を容認する。そしてリンダウの矛先は外国人に向かう。

「ロンドン、パリ、その他の文明の中心地から送られてきて極東の市場にかなり大量に出回った、いまなお出回っている写真を見た者はだれでも、日本人の羞恥心のなさに大いに驚いた外国人同胞にこそ、この上なくひどい堕落の栄冠を与えるのに躊躇することは出来まい[56]」。リンダウの言う「写真」とは、外国人向けに出回っているヌード写真のことであろう。この点を指してリンダウは、日本人よりもむしろ外国人の方が破廉恥ではないのかと、疑問を呈しているのである。

デンマーク人のスエンソンも、リンダウと同様の意見である。スエンソンは、日本人の習慣を「本当に倫理的な意味での不道徳というよりはむしろ、ごく自然な稚拙さによる」と、日本人を擁護する。加えて日本人女性に対する弁護も怠らない。スエンソンは「日本女性が自分の身体の長所をさらけ出す機会を進んで求めるような真似は決してしない」と言う。そして、「風呂を浴びるとか化粧をするとかの自然な行為をする時に限って人の目をはばからないだけ」だと指摘する。「それだけでもはなはだしく慎み深さを欠いているのかもしれない。けれども私見では、慎みを欠いているという非難はむしろ、それら裸体の光景を避けるかわりにしげしげと見に通って行き、野卑な視線で眺めては、これはみだらだ、叱責すべきだと恥知らずにも非難している外国人のほうに向けられるべきであると思う」[57]。スエンソンの意見も、日本人よりもむしろ外国人自らが、自分自身を省みよと主張しているのに他ならない。

さらに地質学者パンペリーのように、日本人の習慣をとおして自分自身を省みた人物もいた。裸体の彫像が立ち並ぶヴァチカンの彫刻展示室と同様、日本の公衆浴場でも、「思い邪なる者に災いあれ」と自分自身を戒めなければならない、とパンペリーは考える。そして、日本の習慣は「ヨーロッパ人にはショッキングなものに思われるが、日本人の謙虚さとは完全に両立するものとみえる。明らかに貞淑な日本人の貴婦人がそうすることに何の差し障りも認めない[58]」と記す。

異なる常識間のせめぎあい

このように西洋人にも、裸体露出の排除派と容認派が存在した。これは自国の文化を最善唯一の基準にして他の文化を測ろうとする人々と、文化には基本的に優劣がなくそれらは共存すべきだと考える人々との対立とも言える。前者にはサミュエル・ウィリアムズのような人物がいる。また西洋人ではないけれど中継翰も明らかに前者に属する人物である。さらに、現代を振り返ると、「文明化理論」を唱えた社会学者ノルベルト・エリアスの立場も前者であろう。エリアスは、現代ヨーロッパを中世や未開社会と比較して、「文明化」された社会と位置付ける。そして、「文明化されている＝ヨーロッパの自意識[59]」から見ると、中世や未開社会を一段低い文化として理解する。

一方でおそらく少数派と考えられるものの、おおらかな裸体の露出を容認するヴェルナーやブスケ、リンダウ、スエンソン、パンペリーらの意見も存在した。彼らの態度は、異なる習慣に遭遇した際にいかに対応するかという点に関して、現代社会にも適用できる非常に重要な示唆を与えてくれる。そもそも、このエリアスや、かつてのウィリアムズ、そして中維翰らの考えに危うさを覚えるのは、自らの社会や文化を最善の基準にする点であろう。この基準がヨーロッパであれ、イスラムであれ、中華であれ、そうした思想は容易に原理主義と結び付く。そして、既存の常識と相容れないものを徹底して排除するのが、この原理主義的思考の特徴である。こうした態度はいまでも現代世界のあちこちで見られる。そしてこれが大きな社会問題の種になっていることを我々は知っている。

個人の行動を規制する枠組みは重層構造状になっている。個人の行動はまず家族の価値基準に大きく影響される。そして家族の行動はコミュニティや地域の価値基準に規制され、さらにそれは宗教、国家というより大きな枠組みの基準に束縛される。「海岸にいるかシャンゼリゼ通りにいるかで水着は同じ意味を持たない」と言ったのはジャン＝クロード・ボローニュである。そしてボローニュは、「ということは、個人的羞恥、つまり自分が裸体もしくはほとんど着衣なしでいる（あるいはそれを人に見られる！）ことで感じ得る羞恥は、時期・場所に応じて露出許容度を決定する社会的羞恥に裏打ちされている」(60)と指摘した。ボローニュの言う社会的羞恥とは個人を規制する社会や国家の基準に他ならない。ルソー風に言うと「社会制度」である。そしてこの基準はそれぞれの国や社会で個別に根付くものであり、相容れない基準が異なる時代や社会で形成されることが当然ある。ちょうど、西洋人が裸体を隠し、日本人が裸体を日常品化する道をそれぞれ選んだようにである。

このようにしてできあがった人間の文化や習慣に関して、いずれの基準が優れているのか、その優劣はつけ難い。先にふれたエリアスの文明化理論に対して反旗を翻した民族学者ハンス・ペーター・デュルは、中世や未開社会にもエリアス的意味での文明的な行為が多数あることを列挙した(61)。これにより、先にリンダウが指摘した「フランス人の羞恥心は、回教徒の羞恥心と別物であるだけでなく、今日のわれわれの羞恥心も、われわれの祖先の羞恥心とは多くの点で異なっている」という点を実例で明らかにした。ただし、デュルが論じたのは、西洋よりも文明的な社会が存在するということではない。何よりも重要なのは、多様な習慣の中でいずれが優れているか、という問が無意味だということである。

そもそも唯脳論の立場からすると、いずれの枠組みもしょせんは人間の脳が自分に都合の良いように考え出したものである。仮にその枠組みが非難されるとするならば、それはその枠組みが他の枠組みの自由や権利を侵害した時だけである。「自分の祖国において、自分がその中で育てられて来た社会的約束を何一つ犯していない個人を、恥知らず者呼ばわりすべきではなかろう」と述べたリンダウは、まさにこの点を主張したのに他ならない。このように考えると、他文化と接する場合、裸体を容認した人々と同様の態度をとるのがふさわしいということになろう。河合隼雄氏の言葉を借りるならば、「中空均衡」的態度で臨むのが適切なのである。

とはいえ、現代の我々はハイネの下田公衆浴場図に大きな違和感を覚えた。これはすでに見たとおり、我々の考え方が、エリアスの言う意味で西洋文明化されているからに他ならない。つまり我々日本人は、この百五十年の間に、顔の延長としての裸体、日常品化された裸体を完全に失ってしまったと言える。その代わりに得たものは、西洋流の羞恥心、すなわち裸体とセックスをダイレクトに結び付ける習慣であった。

日本人が西洋の流儀を受容する点に関して重要な予言をした外国人がいる。その一人であるスイス人アンベールは、「日本人には羞恥心がない、という一般的な意見に同意することはできない」と、日本の習慣を援護する。そういう意味で裸体容認派である。しかし、「もう少し時がたてば、ヨーロッパを訪れたことのある日本人、とりわけ長期滞在した者の影響を日本は必ず受けることであろう。彼らが二つの文化を比較して、われわれの文化を細部に至るまで熱心に援用する気になれば、外国人の嘲笑の種となっている風習を、なんとか改革してゆけることは明らかである」[62]と述べる。アンベールのこの予想は見事に的中した。明治新政府は、まさにアンベールの言うとおり「嘲笑の種となっている風習」の根絶を国の方針として採用する。

ギメも日本人の習慣を容認する。そして、強い口調で次のように言う。「私ははっきりと言う。羞恥心は一つの悪習である、と。日本人はそれを持っていなかった。私たちはそれを彼らに与えるのだ」[63]。ギメの予言も見事的中する。そして、ギメが言う「悪習」を日本人がいかにして身につけるようになるか、それにより日本人の裸体観はどのように変化したのか、我々は以下これらの点について見ていくことになる。

第4章　弾圧されるはだか

〜西洋文明の複眼による裸体観の変容〜

イギリス人、女湯に突撃する

一八五八（安政五）年八月半ば過ぎ、江戸で珍事が起きた。イギリス人が公衆浴場の女湯に入り込み大騒ぎとなったのである。

「一両日以前の事のよし。英夷歩行帰りの時、浜松町の泉湯を見付けて……」、と幕臣広瀬六左衛門は記述する。「一夷右の処へ入る処、女湯故、入浴の者甚だ狼狽して、赤裸にて逃避たる故」。一名の英国人がその湯屋の女湯に入り込んだがため、入浴していた女性たちが皆狼狽して、素っ裸のまま逃げ出してしまったのである。言葉が通じないため、付き添いの役人が、手振りで「外へ出よ」と手招きしたところ、今度は男湯の方へ入っていってしまった。広瀬六左衛門は言う。「歩行中も途中にて食物などすること、魯夷と違ひ甚野卑なりとぞ[1]」。

このように広瀬六左衛門は、ロシア人に比べてイギリス人は極めて不作法だと書き記している。当時イギリスはヴィクトリア王朝時代のまっただ中である。産業国家として経済的に大いに潤っていた。世界に冠たる地位を築き、自分たちの文明は優れていると自負していたアングロサクソン人の眼に、おそらく日本人などごく低級な人種に映ったのであろう。

幕末の日本では攘夷論と尊王論が合体して尊王攘夷論が成立した。かつて日本では西洋人のことを南蛮人と呼んだ。これは字の如く南の野蛮人である。同様に攘夷の夷は未開な異民族のことを指す。よって、皇国日本の地を守るために、野蛮な夷狄《いてき》を攘《はら》いのけるのが尊王攘夷論の基本的立場と考えてよい。この思想が過激になると、実際に外国人を襲う暴力沙汰が発生する。一方で、女湯に乱入する外国人のように、日本人が外国人の横暴ぶりを実際に目の当たりにするにつれ、やはり夷狄は野蛮だという認識が定着する。つまり、思想は経験に裏打ちされることで強固な確信に変質する。こうなると攘夷熱はいやが上にも高まらざるを得ない。幕末当時、外国人を一方的に排撃する日本人には確かに非があったであろう。しかし、外国人側にもやはり問題があったと考えるべきではないか。

実は第二次世界大戦後も、右の女湯乱入とよく似たことが起こっている。銭湯「竹の湯」の菅原きよ江氏の話である。「三月九日には本土空襲で東京は焼土と化し、品川の焼け残った浴場で営業した。米兵が毎晩、女湯の脱衣場に土足ではいり、カメラでうつして行く、恥辱もはなはだしく、つくづく敗戦国のみじめさを感じた」(2)。公衆浴場に乱入するイギリス人とアメリカ人の時代背景は異なる。しかし、いずれも彼らが日本人よりも優れているという慢心が、そのような行為に走らせたように思えてならない。

それはともかく、イギリス人が女湯に飛び込み女性達が逃げ回るというたったこれだけの騒動から、日本人の裸体観が変化する過程に関する興味深い所見が得られる。まず、この事件の関連として思い出したいのが、ドイツ商人リュードルフやイギリス艦船バラクータ号のジョン・トロンソン将校のことである。リュードルフは、アメリカの将校から日本の混浴に関する話を聞き、それが真実なのかを確かめに公衆浴場に向かった。これが一八五五（安政二）年六月のことである。またトロンソンは、箱館に着いて税関を出るや否や、その足を「以前から不思議な施設と聞いていた」公衆浴場に向けた。これが一八五六（安政三）年四月のことである。

これらの件に関して筆者は、「日本における混浴公衆浴場の噂は極めて短期間で外国人の間に流布していたようである」と述べた。この事情は、イギリス人が女湯に乱入した一八五八年も変わらなかったのであろう。いや、むしろその噂は時を経て増幅されるとともに好奇心はさらに強くなり、外国人にとって公衆浴場は、訪日したのならば必ずチェックしておきたい観光名所のひとつになっていたに違いない。広瀬六左衛門が記したイギリス人も、かつて日本に来た同僚の体験談や日本について書かれた記述などから情報を仕入れていたから、街で見かけた公衆浴場に突撃したのであろう。

時代は下るけれど、日清戦争が終結した一八九五（明治二十八）年、陸軍大佐福島安正は、アジア大陸の現地情報を収集するために東京を出発する。この旅の途中、福島大佐はトルコ大使から「日本には男女混浴の習慣があるというが本当か」と尋ねられ辟易している。(3)というのも、後ほど述べるように、明治新政府は公衆浴場での混浴を徹底的に弾圧し、世の中から消去してしまった。にもかかわらず、いまだ混浴の習慣について問われることに、福島大佐は苦笑しているのだ（もっとも、温泉での混浴は残っていたのだが）。前にもふれたが、外国人にとって混浴は、「フジヤマ、ゲイシャ」と並び、日本に関する紋切り型のイメージとして「コンヨク」が当時定着していたと考えてもよい。

こうした外国人の好奇の眼と並行して考えるべきなのが、見られる側の意識の変化である。トロンソンが見た箱館の公衆浴場を思い出してもらいたい。ハイネが描いた下田の公衆浴場、あるいはアンベールやオリファントが描いた江戸の浴場でもよい。これらの記述で、入浴者が大あわてで逃げ出したという記録はない。むしろ異邦人を尻目に、日本人は入浴を楽しんでいた。

さらに極端なのはホームズ船長の例である。ホームズ船長は公衆浴場どころか「私はしばしば家にはいりこみ、寝ている家族をみた」と語る。しかも「私は家から家へはいり、上から下までくまなく探し、箱や簞笥や引出しの中身をひっぱりだして、床にひろげた」のだから半端でない。これでは泥棒である。盗みを働いていないとしても明らかに窃盗未遂に問われる。にもかかわらず侵入された側の日本人は、「私と同じくらい楽しんだ」と、ホームズ船長は述懐している。(4)

ところが広瀬六左衛門が記録する一八五八年の江戸では、外国人の侵入に対して女性たちが逃げ出している。攘夷気運の盛り上がりもあるかもしれないが、不作法にも公衆浴場に乱入してきて、裸体をじろじろ眺め回す外国人の行為を、日本人はいまや拒絶しているのである。一八五八年というと、ペリーの二度目の来航からわずか四年のことである。ハリスによって結ばれた日米修好通商条約の翌年であり、横浜・長崎・箱館が開港した年でもある。そして海外に大きく開いた日本の門戸には、諸国の海軍士官の他、貿易商人や船乗りが大挙してやって来る。すなわち、広瀬六左衛門が指摘する「甚野卑」な外国人の数が急増し、トロンソン将校のように観光名所である公衆浴場見物に繰り出したことは、想像に難くない。

先に見たように、日本人も最初は外国人の来訪についてあまり気にも留めなかった。むしろ、その来訪を歓迎しさえしている。しかし、日本人の間では暗黙のうちに御法度である裸体をじろじろ眺め回す行為を、無作法にも入浴中にずかずか入って来た外国人に繰り返されたら、誰しも不愉快になる。裸体や入浴行為は決して見世物ではない。こうした許し難い行為が続くとなれば、日本人も自然と裸体を隠すようになるのは当然である。

「はだか」から「ハダカ」への移行

繰り返し述べているが、日本人にとって裸体は、日常品化された顔の延長のようなものであった。裸体はセックスとの結びつきが緩かだった。そのため、日本人が裸体を見る時、その視線は裸体の上で停止しない。視線は裸を通り越してしまう。これは、ハイネの下田公衆浴場図の状況を思い出せばよい。男性の視線は女性の裸の上で止まらない。それを通り越してしまっている。女性の視線も男性の裸の上で止まらない。したがって、どこか空《くう》を舞っている。

ある西洋人が、一八九二（明治二十五）年に京都の劇場を訪れて、舞台上を動き回る黒衣の人物を不思議に思い、招待者に尋ねたという。すると彼は、「あれは劇場作業員です。でも彼らは見えない人なのです」(5)と答えた。黒子に日本人の視線が止まらないのと同様、日本人の視線は裸の上でも停止することはなかった。裸体自体に何か注目される要因がなければ、それは無視されるしかなかった。街頭のあまたある顔がそうであるように。

ところが、性を徹底的に隠そうとする外国人にとって、無造作に露出される裸体は、強い好奇の対象になる。中でも、女性の裸体は外国人の到来により突如として鑑賞物になる。レンズの焦点が合うと紙が焦げるように、裸体への熱い眼差しにより、見られる側は自分の裸を強く意識する。そして、それが繰り返されるにつれて、見られる側は自分の裸体を隠そうとするのは、ごく自然な流れと言えるだろう。しかもその外国人の好奇に満ちた眼差しの背景には、性が強く意識されている。これが理解された時、女性が裸体を隠そうとする動機はさらに強くなる。こうして、かつて浴場に入ってきた外国人に当初は驚かなかった女性たちは、いまや彼らの視界から裸体を隠すために大慌てで逃げ去る。

同時にこれは、日本人の裸体観が変化する兆しをも表している。視線が裸を通り過ぎるうちは、それは「はだか」でしかなかった。ところが、好奇に満ちた眼差しは裸の上で停止する。すなわち見られる対象になることで、「はだか」は性的な鑑賞物としての「ハダカ」になる。そして、性と直接的に結びつく「ハダカ」は隠されなければならない。しかも、この裸体の鑑賞物化は、特殊な職業につく女性ではなく、ごく日常的に生活する一般女性を対象とした。

アンベールはこのように書く。「ヨーロッパ人が風呂屋に足を踏み入れたとき、彼らの方を見てくすくす笑ったため、そのときまで誰の目にも至極当然なこととして映っていたものを、ふさわしからぬものとしてしまったのである(6)」。こうして外国人の好奇に満ちた「熱い眼差し」が、日本人に裸体を意識させる最初の契機を与えることになる。特に、一般的な日本人女性が裸体を隠そうとする大きな契機になった。そしてこれを転回点にして、日本人の裸体観は、「はだか」から「ハダカ」へと移行する過程が始まる。日本人の意識の中に、裸体を性と強く結び付ける観念が植えつけられ、やがて現代的な意味での羞恥心が芽生えることになる。

街頭から消えていく裸体

外国人の好奇に満ちた眼差しは、日本人にとってごく自然だった習慣を次々と消し去っていく。公衆浴場から裸体で家に帰る習慣も、日本人にとってはごく普通の行為だった。しかし、「長崎ではもはやこのようなことはほとんどしなくなった」と言うのはポンペである。そしてポンペはこの習慣が滅びた原因は外国人の振る舞いにあるとする。「ヨーロッパ人もいつもお上品な振舞いばかりするとは限ら」ず、この「外国人の無遠慮な振舞いの結果」、このような日本人の変化が起こったのではないかとポンペは推測する。「われわれが東洋国民の道徳や習慣を破ると、彼らの目にはわれわれが非常に低級に見えるようになるのである」[7]。まさにポンペの言うとおりだろう。すでにふれたように、ポンペの日本滞在は一八五七(安政四)年九月~六二(文久二)年十一月である。よってこれは、わずか五年間ほどで公衆浴場から裸体で帰宅する習慣が消えていったことを示している。

好奇に満ちた熱い眼差しは街頭での行水も消し去っていく。一八五九（安政六）年二月、開港直前の長崎に碇を下ろしたホームズ船長が、長崎で行水する娘を目撃したことはすでに述べた。このホームズ船長は、横浜でも行水という「奇妙な光景」に遭遇したと述懐している。「街で最大の商業地のひとつである絹織物の呉服店の前に、長方形の携帯用の風呂がおかれていた。そのなかでかわいい若い女性が遊び戯れており、おおはしゃぎで、はねた水が真昼の太陽にきらきらと光っていた」。ホームズ船長は店舗の前で行水する女性を目撃したのである。ときは同年七月。このときすでに横浜は開港していた。港としての本格的な整備はこれからの時期である。ホームズ船長は、彼女をじろじろ眺めようとはしない。「そこでそのまま立ちどまってみていると役人を怒らせるのではないかと思い」(8)、足早に立ち去っている。

一方、ホームズ船長とは対照的なコメントを引こう。イギリス公使館員ミットフォードは言う。「江戸の街頭で見られるという行水に関しては、外国人によって書かれた本で読んだことがある。しかし、三年半の日本駐在中、あらゆる時間帯に、江戸のあちこちを行き交ったけれども、そんな情景に出会ったことはない」。ミットフォードの言う三年半とは、正確には一八六六（慶応二）年十月から七〇（明治三）年一月までのことである。この間、ミットフォードは行水を目撃した例はないと記す。そして、「きっとどこか田舎の温泉地で見られることなのだろう」[9]と結論づけている。

この行水に関するミットフォードの所見に対して、イギリスのジャーナリストで、新聞『ジャパン・ガゼット』を横浜で発行したことで著名なジョン・レディー・ブラックは意見する。まずブラックは、開港当初の日本を見た人々が記録した行水について、近年ではこれを疑問視する人が多いと語る。そして、「特に一番広く読まれ、またよく引用されているある著者は『一日中江戸市内を行ったり、来たりしたが、そんなものは一度も見なかった』と断言している」と書く。ブラックは名前こそ記してはいないものの、この「断言」した人物とはミットフォードのことに他ならない。このミットフォードの意見に対して、ブラックは持論を展開する。

「それはそうだろう、というのは、外国の影響が効果をあらわしている時代に、彼は来日したのだから」。そして行水は、一八六二（文久二）年頃ならば、「江戸と横浜の近辺」で見られたたし、また、日本滞在の回想記『ヤング・ジャパン』を書いている現在から五年ほどさかのぼった一八七四年頃でも、こんな光景を居留地のすぐ近所で、毎晩通行人は見たし、見ているとブラックは書く。さらに、「私は、この光景を本村から山手へ通じる道の一つでも、また周りの村でも何度も見た。四方八方へ遠出をする人にとって、いわゆる『見さかいのない行水』はごく普通に見られたので、じきに、なんとも思わなくなった[10]」とブラックは言うのである。

ホームズ船長は行水を見た。一八五九（安政六）年のことである。ブラックも行水を見た。少なくとも江戸では一八六二（文久二）年頃まで、横浜の居留地のすぐそばでは一八七四（明治七）年頃までは、行水が普通に見られたと証言する。さらに、すでに本書でふれた行水の記録を並べると、エルベ号艦長ヴェルナーは、一八六〇（万延元）～六二（文久二）年の間に行水を目撃している。ボーヴォワールは一八六七（慶応三）年、元号が明治に変わる前年に行水を見た。さらにギメとレガメーは、横浜で行水を見たようである。一八七六（明治九）年のことである。さらにモースは一八七七（明治十）年に日光路で見た行水について記している。

このように明治に入っても行水は見られた。しかし、早くも幕末にそれが見られなくなった地域が現れ始めたのは、ミットフォードやブラックの証言からも明らかである。じろじろながめる外国人の好奇に満ちた熱い眼差しは、日本人に入浴時の裸体を意識するよう強制する。そして、公衆浴場から裸体で帰ることを止め、人目につく場所での行水も控えるようになる。これは日本の街頭から裸体が徐々に消えていく現象に他ならない。そしてこの現象は、外国人の好奇に満ちた熱い眼差しを避けるために自然発生的に起こった。

真の影響も見逃せない。

幕末のヌード写真

外国人の熱い眼差しにより「はだか」が「ハダカ」として意識される過程の中で、写真の影響も見逃せない。

使節団の国外遠征にはハイネのような随行画家が同行し、遠征先の様子をビジュアルで記録することについては、すでに記した。一方、写真技術の進展とともに、写真家も遠征隊に加わるようになる。たとえば、ペリー遠征隊の場合だとエリファレット・ブラウン・ジュニアが、随行写真家として参加している。[11]『ペリー艦隊日本遠征記』には、ブラウンが撮影した写真を元にした図画も多数収められている。これに用いられた写真機はフランスのダゲールが発明したダゲレオタイプ（銀板写真）である。

日本への写真技術はペリー来航以前にオランダからもたらされている。薩摩藩や福岡藩などは早くから写真技術の研究を進めており、一八五七（安政四）年には薩摩藩主島津斉彬を撮影した市来《いちき》四郎らによる写真が残されている。また、一八六二（文久二）年には、上野彦馬が長崎に写真館を設置して職業カメラマンになっている。さらに同時期に下田生まれで横浜に写真館を開いた下岡蓮杖《れんじょう》、江戸で開業した鵜飼玉川らのカメラマンが登場しており、日本における職業写真の黎明期を形成する。横浜では下岡蓮杖の他、内田九一、清水東谷、さらにベアトやパーカーなどの外国人職業カメラマンもいた。[12]これらの写真家が撮ったものはやがて横浜写真と呼ばれるようになり、来日外国人の格好の土産物になる。

幕末当時には、海外で撮影された写真も日本で多数出回っていた。これを裏付けるのが、すでに紹介したスイス領事ルドルフ・リンダウの言葉である。繰り返しになるが、リンダウが指摘する「かなり大量に出回った、いまなお出回っている写真」とは、主に来日外国人の慰みのために流通したヌード写真と断定して間違いない。この大量のヌード写真には、写真技術の進展が大きく寄与している。先にふれた銀板写真の場合、撮影には二、三十分ほどかかる。極めて困難なことながら、その間被写体はじっとしていなければならない。そのため、モデルとなる人物は棒の支えなどで固定して撮影に挑んだという。その後、銀板写真に代わって湿板写真が登場する。こちらは、画像の露出に銀板ではなくガラス板を利用するもので、これにコロジオン液を塗って撮影する。これにより露出時間は一挙に秒単位になった。この結果、人物写真が大量に撮影されるようになる。こうして、海の向こうのヨーロッパではヌード写真が大流行する。

中でも人気を博したのがステレオ写真、それに名刺判のヌード写真である。ステレオ写真とは、立体写真とも呼ばれており、二枚の写真を並べて鑑賞するものである。専用の眼鏡を通して見ると写真が立体的に見える（眼鏡を使わずに裸眼で立体的に見る方法もある）。一方、名刺判写真とは名刺サイズ大の写真で、一度の撮影で大量の写真を複製できるよう一枚の写真サイズを小さくしているのが特徴である。

リンダウの著書『スイス領事の見た幕末日本』には、一八六一（文久元）年九月の二度目の来日直後のこととして、先の写真のくだりが記されている。一方、同書が出版されたのは一八六四（元治元）年のことである。したがって、リンダウが一八六一年九月に再来日した当時、すでに「かなり大量」のヌード写真が日本で出回っており、一八六四年当時も「なお出回って」いた、と解釈できよう。

写真に収められる日本人女性の裸体

また、大量に出回るヌード写真は、上野彦馬や下岡蓮杖ら当時の日本人職業カメラマンの眼にも止まったはずである。となると、彼ら日本人写真家が、日本人女性をモデルにしてヌード写真を撮影したとしても決して不思議ではない。ヌード写真が外国人にとって人気ならば、自らも撮影しようという気になるはずだからである。あるいは、日本人女性のヌード写真を持っていないかと、日本の職業カメラマンに打診する外国人もいたかもしれない。

艶本のひとつで慶応年間頃の出版といわれる『春窓情史』には、日本人モデルのヌードを撮影する様子を描いた春画が挿入されている（図4－1）。添えの句には「うつすとき　こころもうつる写真鏡」とある。撮影者の下部にも要注目である。艶本研究家の林美一氏は、「正に我国最初のエロ写真撮影の稀珍資料(13)」と指摘する。ただし、林氏によると、氏の家蔵本は明治十年の版で、慶応頃に出版されたという原本については、見たこともないし見たという人も知らないと記している。そのため林氏は、この絵が描かれた時代を慶応ではなく明治十年とみなしている。したがって、この絵からだけでは、幕末に日本人モデルのヌード写真が撮られたかどうかは判然としない。

一方で、風俗史家の下川耿史《こうし》氏は、下岡蓮杖や上野彦馬といった日本人職業カメラマンが、幕末に日本人女性のヌード写真を撮影したという立場をとる。下川氏は写真家内藤正敏氏の記述を引き、下岡蓮杖が一八六二（文久二）年頃に、下女を裸にしてヌード写真を繰り返し撮影していたと指摘している。ところがモデルとなった下女が怒り出して、「蓮杖は奉行所へ引っ立てられた[14]」という後日談があったという。

図4－1　『春窓情史』に掲載されたヌード撮影の図

また、上野彦馬について下川氏は、美術研究家永見徳太郎氏の証言を引いている。永見氏は上野彦馬の弟子で、「彦馬が撮影したX写真を或るところで見たことがあった」という。下川氏によるとX写真とはヌード写真のことである。その内容は、「屛風のかげより忍び出るところとか、四十八手の秘技」などで、また撮影時期については、「慶応頃のかも知れぬ[15]」ということである。さらに下川氏は、同じく彦馬の弟子で後に横浜で写真館を開業する内田九一が、遊女屋や料理屋の女に色々なポーズをさせて写真を撮ったという永見氏の証言から、「幕末頃、彦馬の周辺ではヌード写真の撮影がかなり盛んだったと思われる[16]」と結論づけている。

いずれにしろ、カメラレンズを通した裸体への眼差しは、女性のはだかを、ただそこにある日常的なものから、観察する対象へと変える。また、撮影されたヌード写真を見るということは、ありふれたものとして理解していた裸体を別の角度から観察することを強制する。別の角度とは、もちろんセックスと結びつけて、ということに他ならない。こうして裸体——厳密に言うならば女性の裸体は、日常品から鑑賞の対象物へと、「はだか」から「ハダカ」へと変質することになる。写真もこれに大きく寄与した。

タテマエの視線、ホンネの眼差し

ところで、日本人の裸体を見る外国人の眼が日本人の裸体観を変容させたという主張は以前からある。たとえば歴史学者今西一氏は、この欧米人の眼を「欧米の〈まなざし〉」や「文明の〈まなざし〉」と表現した[17]。また、若桑みどり氏は「近代の視線」あるいは「近代化の視線」と呼ぶ[18]。一方、欧米人が日本人の裸体を見る眼には少なくとも二種類あり、双方が日本人の裸体観に大きな影響を及ぼしたと考えるべきだ、とするのが筆者の立場である。裸体を性的対象として見る眼、そして批判的対象として見る眼がそれである。そして、性的対象として見る眼は裸体に「熱い眼差し」をそそぎ、批判的対象として見る眼は裸体に「冷たい視線」を投げつける。

　すでにふれたように、外国人はあたかもヌード写真を見るかのような熱い眼差しを日本人女性の裸体に向けた。しかし彼らの眼が向けられたのは女性の裸体ばかりではない。外国人は、時の政府に対しても辛辣な視線を投げかける。すなわち、裸体を放置するお前達の国は一体何なんだ、と。たとえばイギリス公使館員ミットフォードは、「西洋人は男女が一緒に入浴するのは不道徳な行為と考えている」ということを日本の紳士、おそらく幕府高官に進言したことはすでに述べた。さらにミットフォードは「日本では外国人の苦言に敬意を表して、開港した横浜での男女混浴を禁止した[19]」とも記す。これは外国人の圧力が功を奏し、横浜から男女混浴を排除したという書き振りである。

　しかし、その背景ではヌード写真が出回り、スエンソンが指摘したように「それら裸体の光景を避けるかわりにしげしげと見に通って行き、野卑な視線で眺めては、これはみだらだ、叱責すべきだと恥知らずにも非難している外国人」が多数存在した。このように、裸体を性的な対象ととらえ、それにそそがれる欧米人の好奇に満ちた眼を「ホンネの眼差し」とすると、裸体の放置を羞恥心の欠如と考える批判に満ちた眼は「タテマエの視線」とも言えるだろう。この好奇に満ちた熱い眼差しと批判に満ちた冷たい視線を、ここでは「西洋文明の複眼」と表現したい。

そもそも西洋人は裸体を隠すことで性を管理しようとした。ところが日本では、性とダイレクトに結びつく裸体が公然と露出されている。これは裸体が日常品化しているからに他ならなかった。裸体を隠蔽する外国人にとって、露出される裸体は性的対象として好奇の的になる。ホンネの眼差しが裸体の上下を行き来する。しかし、そのまま裸体をホンネの眼差しでながめ続けていたら、自分たちが選んだ方針である性の管理手法を否定することになる。よって、裸体は隠されなければならない。これが複眼のもう一方であるタテマエの視線の論理である。こうした西洋文明の複眼をもつ外国人は、ホンネの眼差しとタテマエの視線を使い分けるのに右往左往することになる。この点を語る象徴的なエピソードがある。

一八六〇（万延元）年に咸臨丸でアメリカに渡った勝海舟がサンフランシスコに滞在していたときのことである。[20] 勝に対して裁判所から「尋問の節これあり、明日一五日に午前九時に出頭せよ」という命令書が突然届く。「すわ、何か問題発生か」と、その晩はまんじりともしなかった勝は、翌朝正装で裁判所に出向く。勝を前にした裁判長は二、三冊の本を掲げて「これに覚えがないか」と問う。裁判長が手に持っているのは何を隠そう春画本である。

裁判長の説明によると、「昨日、サンフランシスコ公園で、ある二人の貴婦人が散歩していたら、日本の水夫が乱暴にもこの本を貴婦人に無理矢理与えようとした。そこでその貴婦人は大いに怒って、侮辱の訴えを当法廷に起こしたから、法律によって取り調べを至急行う」という説明である。「なんだ、馬鹿馬鹿しい」と、つぶやく勝は、証拠品を持ち帰って該当者を取り調べ発見次第処分する、と言ってその場を退出しようとする。

ところが裁判長はそれを押し止めて、勝を別室に誘う。そして裁判長は、「これは私個人としての話だが、まったくあの本は珍しいものである」と勝に対して改めて話を切り出す。その上で、「実はかの貴婦人達もその本を欲しいといっている」と語る裁判長は、「二冊は彼女たちに進呈し、残りを私にくれないか」と勝に相談したのである。タテマエ上は勝を裁判所に呼び出すが、ホンネは春画を自分のものにしたい。これは、裸体を放置する日本政府に対して苦言を呈するが、その一方で日本人女性の裸体に好奇の眼差しを向ける外国人と、質的にまったく同じだと考えてよい。西洋文明の複眼である。

この勝のエピソードには後日談がある。裁判所から退いた勝は、春画を与えようとした水夫を特定して彼らを叱り置きにした。その翌日、勝は裁判長をはじめとした関係者を咸臨丸のパーティーに招待する。その中には、春画本を無理矢理与えられそうになったあの貴婦人たちもいた。そして宴たけなわになった頃、勝はくだんの裁判長に耳打ちする。「昨日、貴下から願いの筋、所持人たる水兵に申し聞きの結果、改めて貴下および二人の貴婦人に進呈することになった。ついては、ただ今その贈呈式をする」という。つまり、皆の前で春画の引き渡しを行うというのである。こうして春画は彼らに贈呈されたが、裁判長は閉口し、貴婦人は逃げ出してしまったという。

大審院判事でもあった歴史学者尾佐竹猛氏は、このエピソードについて「あまり面白く出来て居り、また従来いづれの書にも載せて無いから、多少疑問の点もある[21]」と記している。確かに出来すぎた話ながら、これなどは裸体に対する当時の外国人のホンネとタテマエを如実に表しているものと言えよう。そして、現代の我々にもよく理解できる感覚である。

タテマエの視線を封じるために

では、裸体に対するタテマエの視線は、日本政府をどのように動かしたのだろうか。ミットフォードが語るように、江戸幕府にも外国人高官から苦言が呈されたに違いない。とはいえ、外国人に言われるまでもなく、江戸幕府も混浴や猥褻な風俗に対する規制を以前から行っていたのはすでに述べたとおりである。

しかし寛政の改革から天保の改革にかけて、繰り返し発せられた混浴禁止令も、その後は幕末の動乱の中で有名無実化する。「幕府の取り締まりも緩みがちとなり、次第に旧習に戻っていく」[22]と指摘するのは日本文化史家小木新造氏である。幕府にしてみれば、ミットフォードのような外国人高官から混浴の停止を進言されても、そんなことに手を煩わしている時間がないほど切羽詰まっていた。結果、幕末の頃には、地域限定的な禁令のお触れは見られたものの、混浴の風習が幕府によって大弾圧されることはなかった。

江戸幕府とは対照的に、外国人の厳しい視線にさらされ、そこから逃れられなかったのが明治新政府である。明治政府で要職に就いた人物には、伊藤博文や大久保利通、山県有朋などのように下級武士出身者が多数いた。旧幕時代、藩内では賤しい身分としてさげすまれた。しかも当時の社会では、その上に幕府直参の武士が存在する。特に直参の上級武士から見れば陪臣の下級武士など蠅のような存在である。

このような下級武士にとって、彼らの脳裏には、尊大にかまえる上級武士の姿が常にあった。そして、彼らを打ち負かすには、自分たちの方が武士にふさわしいことを誇示する必要があった。つまり武の集団としての強さである。もちろん諸外国列強に対抗するという意識も当然あったのだが、「より武士らしく」も一因となり、明治新政府は極めて軍事色が強くなったのだろう。加えて、下級武士出身者が上級武士の上を行くには、何事も徳川時代の因循姑息を改めなければならない。その際に、最もわかりやすいのは、何事も西洋風の行いに改めることである。こうすれば徳川時代との差別化を容易にはかれる。

一般に前者の武の誇示を富国強兵、後者の差別化を文明開化と呼ぶ。この二点を実行することで、かつての下級武士達は、今まで虐げられてきた上級武士をはるかにしのぐことができる。したがって、差別化の点では、外国人が白い眼で見る裸体に無頓着な日本人の習慣、言い換えるならば江戸幕府が止めさせようとしても止めさせられなかった因循を、早急に是正しなければならない。そのひとつが混浴や往来における裸体の露出である。こうして、混浴や裸体を規制する厳しい法律が明治政府によって次々と立案され施行されていく。

当初裸体は、外国人の好奇の眼差しから自発的に隠れようとした。しかし明治新政府以降は、外国人の批判的視線に対処すべく、国家の規制により強制的に裸体を隠すようになる。こうして、ホンネの眼差しばかりかタテマエの視線にもさらされた日本人の裸体は、「はだか」から「ハダカ」への移行をさらに加速させる。以下、その経緯を少し詳しく見ることにしよう。

明治新政府による混浴の禁止

一八六八（慶応四）年一月、旧暦では慶応三年十二月に王政復古の大号令が下った。さらに旧暦で言うと慶応四年七月に江戸は東京と改称され、九月には元号が明治に変わる。この東京改称と元号改称の間にあたる八月、新政府は混浴禁止に関する布告をさっそく行っている。「湯屋の儀、男女入込は兼ねて制禁之所、外国人に対して御失礼に付、厳禁たるべく候[23]」というものである。

このお触れは、築地鉄砲洲に外国人居留地ができるのと相まって、この地域内の公衆浴場に対して出された布告である。ここで注目したいのは、「外国人に対して御失礼に付」が、混浴禁止の理由になっている点である。江戸時代にも混浴禁止令はあった。しかし明治新政府の混浴禁止令は、西洋文明の複眼の一方であるタテマエの視線を明らかに意識しているのが見て取れる。さらにこの布告には、往来から裸体を見えないようにし、その上、公衆浴場の二階には目隠し板をはれというお達しが含まれている。外国人が往来を通ると、日本人は裸体をものともせず公衆浴場の二階からながめようとした。これを阻止しようというのである。これも裸体に対する外国人の冷たい視線を極度に意識しての通告と考えられよう。

さらに翌一八六九（明治二）年には、前々から禁止している混浴が密かに行われているのは不埒なこととして、「向後薬湯たりとも男女入込湯は相成らざる候[24]」という通達が出る。薬湯とは湯の中に薬草を入れて沸かしたものである。表向きは病人を対象としており、従来混浴の規制が緩やかだった。その薬湯であっても混浴厳禁ということである。その後も、七〇（明治三）年、七四（明治七）年などに繰り返し混浴禁止が命じられている。それほど混浴を外国人の視線から隠すのは困難なことだったのであろう。加えて、七九（明治十二）年には、「湯屋取締規則」が東京府令として通達される。これは、全十四条からなる銭湯営業の規制である。さらに八五（明治十八）年になると、「湯屋取締規則」が改正され、条文は二十三条に増えている。「七年未満のものの外混淆せしむ可らす[25]」と具体的な年齢を掲げている点に注目したい。

また、この明治十八年十一月を限りに、江戸時代の公衆浴場の象徴であった石榴口の設置が不可となる[26]。石榴口の禁止は混浴の禁止と意図がやや異なる。すでにふれたように、石榴口の中は薄暗く不潔な場合も多かった。したがって、これを明るく衛生的にするのが石榴口廃止の主目的だった。ある古老は石榴口が取りはずされたことで、「あんまりアケスコで寒いような間の抜けたような、裸同士がつかっていると、キマリが悪いといった風でした」と述懐している。また、「石榴口の湯気に慣れた頭は寒く、しかたがなく手拭いに湯をしたして頭の上に皆のせ始めた[27]」という証言もある。いまでは手拭いを頭にのせるのは湯につけないためと考えがちだが、実は石榴口との関係が深かったのである。

前にもふれた歴史学者尾佐竹猛氏は、明治十八年が、太政官制を廃止し内閣制を施行したこと、羅馬字会など新文化の会が次々誕生したこと、断髪が全国にほぼ行き渡ったことなどを掲げて、この年が実質的な明治維新の始まりという説を提唱している[28]。そういう意味で、消え去る石榴口も、尾佐竹猛氏の明治維新十八年説を支持する要因になるであろう。

図4－2は一八九四（明治二十七）年七月十日号の『風俗画報』からとった明治当時の銭湯の図である。すでに石榴口はない。湯が波立って人々が逃げまどっているのは、同年に起きた東京大地震の際の銭湯を描いているからである。石榴口の取り外しから十年近くたっているので、銭湯の構造は現代のものとあまり変わらない。当然混浴ではなく男女別である。ただし、画面左に見えるすね毛のはえた足は三助だろうか。当時も流しは健在だったようである。

図4－2　明治時代の銭湯

猥褻物・裸体規制の強化

話を再び明治初期に戻そう。明治政府は混浴のみならず、猥褻物の露出や街頭での裸体についても厳しく取り締まる。先に、一八六九（明治二）年に、東京府内で男女入込湯が禁止されたと書いた。これは同年の二月のことである。そしてこの月には「風俗矯正町触」が相次いで出る。まず「売淫禁止」、続いて先の「男女入込湯禁止」、さらに「春画其他禁止令」である。ここで注目したいのは「春画其他禁止令」である。

「西京東京は皇国の首府にして教化の根元に候へは」から始まる同禁止令は、「教化の根元」という言葉が見えるように、下品な人々を外国人に対して恥ずかしくない国民に育て上げる、という意識がありありと見て取れる。そして、「近来春画ならびに猥《みだり》かましき錦絵等を売買いたし候ものもこれあるなりと相聞こえ、かつまた見世物と唱《となえ》候類にも見苦しき招き看板を差出、如何しき体をいたし、小児玩物等の内にも男女の淫体等も相見へ不埒の至に候㉙」とした上で、以後そうした売買が発覚した場合、当人はもとより名主五人組まで処罰する、という厳しいお達しである。

また、これは後にふれる「違式《いしき》詿違《かいい》条例」が成立した一八七二（明治五）年のことだが、前にもふれた男性の陽物をかたどった金精様も、猥褻物として取り締まりの対象になる。昔はどこの廓でも千客万来を願って金精様を祭っていた。ところが条例が成立するや否や、これを警察が強制撤去していった。その中で面白いエピソードがある。

横浜弁天町の遊郭にやって来た二人の巡査が、廓を一軒一軒回って「この異様な祭り物を強制的に徴発して、籠長持の中へ一杯に男根を押し込み」去っていった。そして、吉田町まで来た巡査二人は何やら相談を始め、にわかに橋の上から金精様を「川面めがけてどぶん」と投げ込んだという。どうせ廃棄するのだから、川にでも棄ててしまえということだろう。ところが金精様は何しろ張り子だから「川の上をぴょこり〳〵と一杯に浮いてしまった」という。そうすると、川の両岸に人々が黒山となり、手を打って笑い出したとか。同様の事件は両国橋でもあったと『東京日日新聞』で報じている。猥褻物を取り除こうとしたものの、かえって猥褻物が衆目を集めてしまった珍事件だったわけである。[30]

猥褻物と並行して、裸体についても取り締まりが強化される。一八七一（明治四）年に布告された「裸体禁止令」がそれである。この禁止令は、明治政府がいかに外国人の視線に配慮していたかが一目瞭然でわかる文章なので、少々長文ながら原文の調子を損なわないよう平易にした文章で全文を紹介したい。

「同府下賤民ども、衣類を着ず裸体にて稼方致し、或は湯屋へ出入候者もままこれあり、右は一般の風習にて御国人はさほど相軽め申さざれ候えども、外国に於ては甚だこれを鄙《いやし》み候より、銘々大なる恥辱と相心得、我が肌を顕し候ことは一切これ無きよし。しかるに外国人の御交際追々盛に相なり、府下の儀は、別而外国人の往来も繁く候ところ、右様見苦しき風習このまま差し置き候ては、御国体にも相拘《かかわ》り候につき、自今賤民たりとも決して裸体相ならざる候条、稼方につき衣類を着し不便の者は、半纏または股引腹掛のうち相用い、全身を顕さざるようきっと相慎み申すべく、万一相背き候者これありに於ては、取締組にて差押え申すべくはずに候条、この旨兼て相心得候よう、小前末々まで、洩れ無きよう申し諭すべくものなり」[31]
「外国」という言葉が三度も登場するこのお触れでは、まず、衣類を着ずに裸体で働き、あるいは湯屋へ出入りする者が東京府下にある現況を語る。しかし外国では、自分の肌をあらわにすることは卑しむべき行為である。よって、裸体をあらわにすることを「恥辱」と心得て一切行ってはいけないと言う。さらに、府下では外国人の往来も多くなる中、みだりに裸体をあらわす習慣が続けば、国のメンツにもかかわる事態だと指摘する。そして、たとえば人力車夫のように衣類を着ていると不便な者は、少なくとも半纏や股引、あるいは腹巻きなどをして、裸体をさらさないよう命じている。先のお触れ同様この布告でも、あからさまに外国人の冷たい視線を意識している点に注目すべきである。

しかし、これほどまでに外国人の眼を気にした国家も珍しいのではないか。もっともこれも、より武士らしくなろうとした明治新政府のことを考えると、理解できない行為ではない。また、外国人の眼を極度に意識した「裸体禁止令」が発端となって、公衆の面前での裸体は不道徳であるという考えが日本人の常識になる。現代日本の裸体観の奥底には、外国人の眼を極度に気にするこの「裸体禁止令」が横たわっている、と言えば言い過ぎだろうか。

違式註違条例の成立

裸体の取り締まりは、一八七二（明治五）年に東京府で施行された「違式詿違条例」によりさらに厳しくなる。これは現代の軽犯罪法のはしりに相当するものと考えればよい。屋外での裸体の露出の他、猥褻物販売、立小便など、要するに西洋文明から見ると極めて不快な習慣を厳しくかつこまごまと取り締まることを目的にしている。違式の罪を犯す者は、「七十五銭より少なからず百五十銭より多からざる贖金《あがないきん》を追徴」され、詿違にふれると「六銭二厘五毛より少なからず十二銭五厘より多からざる贖金を追徴(32)」された。贖金とは罰金のことである。この金が払えないと拘留された。さらに翌年になると、太政官布告により、各地方にて「違式詿違条例」が制定されることになる。

では、「違式詿違条例」の中から、裸体や猥褻物に関連する罪目を取り上げてみよう。次のようなものがある。

「九条　春画及びその類の諸器物を販売する者」

「十二条　男女入込の湯を渡世する者」

「二十二条　裸体又は袒裼《はだぬき》し或いは股脚《ももあし》を露し醜体をなす者」

「二十五条　男女相撲並に蛇遣いその他醜《みにくき》体《てい》を見世物に出す者」

「二十六条　二十二条の如き見苦しき容体《すがた》にて乗馬する者」

「五十条　床先に於て往来に向ひ幼穉《あかご》に大小便せしむる者」

二十二条にある「袒裼」は、広辞苑で引いても出てこない熟語である。「袒」は「着物をぬいで肩をあらわす」つまり「肩ぬぎ」の意である。「裼」は「帯から上の衣服をぬいで、肌をだす」つまり「肌ぬぎ」を意味する。よって、「着物を脱いで肩や上半身を露わにする」と考えればよい。「たんせき」と読むこともある。二十五条の「蛇遣い」は美女が身体に蛇をはわせる見世物のことである。「馴らした蛇を身体に這わせたり、懐ろや袂に入れるだけでなく、しだいに怪しげな所に這い込ませるので、猟奇的人気を呼んだ[33]」そうである。しかし、幼児の大小便までも規制しなければならないのだから、お上も大変だったであろう。この他にも違式註違条例には変わった罪目があった。

「七条　贋造《まがひ》の飲食物並に腐敗の食物を知て販売する者」

「三十四条　他人園中《ひとのはたけ》の菓実《なりくだもの》を採り食う者」

「五十四条　巨大の紙鳶《たこ》を揚げ妨害《さまたげ》をなす者[34]」

七条にあるように、食品の偽造は現在と同様当時からも厳しいお咎めがあったわけである。裏返すと、今も昔も食品偽造の風潮に変わりはないということか。また、当時、他人の庭にある

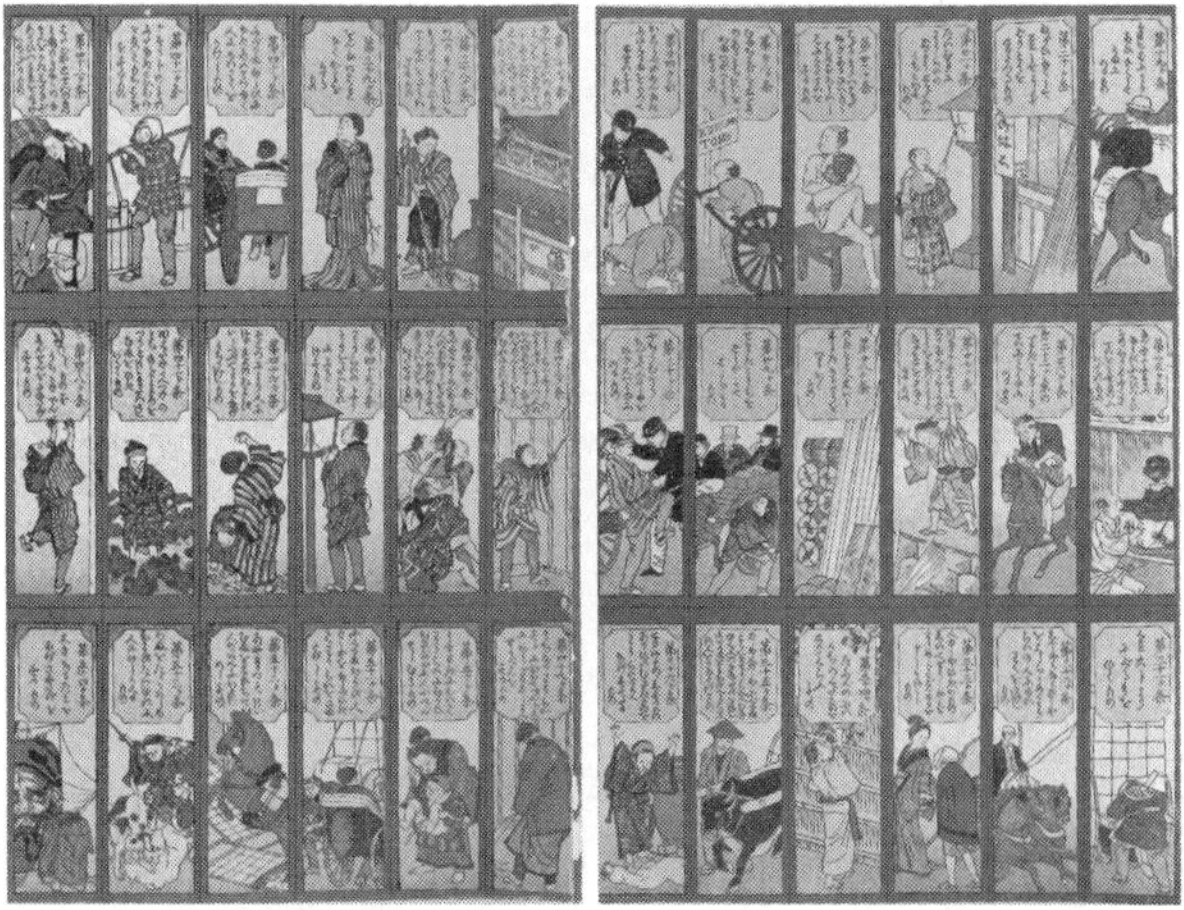

図4－3　違式詿違条例の絵解き

果実を採り食う人々が多数いたのだろうか。五十四条の「紙鳶」は「いか」や「いかのぼり」とも読むが、要するに「凧」のことである。江戸時代は大人も凧揚げに興じており、イギリス人画家ワーグマンなどもその様子を克明に描いている。この凧揚げも周囲のひんしゅくを買わぬようにせよというのが五十四条の趣旨である。

また、違式詿違条例の言い回しは非常に難しく、容易に理解できない。そのため、この法的規制の意味を解説した絵解きが絵双紙屋で売られたという。[35]図4－3に示したのはその一つである。また図4－4は別の絵解きで、入込湯の禁止（十二条）と裸体の禁止（二十二条）についてふれたものである。こ

図4－4　十二条・二十二条の絵解き

の絵解きには「くすりゆはあつたまつていいが、いれごみのときがあるからいやだよ」と銭湯に向かう女、そして裸体で外を歩いていたため警官に仕置きされ「ごめんなさいごめんなさい」と謝る男が描かれている。いずれにしろ、違式詿違条例の成立により、明治新政府による「はだかの弾圧」は極めて強力になる。そして、「はだか」から「ハダカ」への移行がより強引かつ急速に推し進められる。これも元をただすと外国人が持つ西洋文明の複眼に起因する。

徹底的に弾圧される裸体

古老からの聞き語りを編んだ『漫談明治初年』という本に、江戸時代生まれとおぼしき野村氏という人物による昔語りが掲載されている。野村氏は幕末当時について、「あの頃が一番世の中が淫らだったでしょう。何しろ男は素裸体で往来を歩いていた。一貫八百位いの金をさしにさして、裸体で褌にはさんで、大威張で歩いた。すると通る人も『豪勢なものだネ』といって褒めたものだ」と語る。これが明治に入ると状況が変わる。「裸体を禁じたのは、明治三四年で、それまでは裸体を許されていた。見附はさすがに裸体では通さなかったが見附を通る時には、手拭を番所で見える方の肩にちょいと乗せて通ると、別に何も云わなかった。女でもちゃんと帯をしめている者は、たんとはなかった。それに比べるとこの頃は贅沢なものです。昔は女は細帯ひとつで夏になると、褌と襦袢で平気で歩いた。余程よい所の者でなくては帯はきちんとしめては居なかった」[36]。見附とは番兵の見張所、現在の派出所みたいなものだと思えばよい。諸肌脱いで歩いていても、番所の見える方に手拭いをちょいと掛ければよかったという。しかし、「明治三、四年になるとそうもいかなくなった」と野村古老は語る。これは、先にもふれた「裸体禁止令」が施行されたことを指していると考えてよい。

また、「裸体禁止令」の翌年に布告された「違式詿違条例」の取り締まりはさらに厳しかった。次のようなエピソードがある。朝は曇っていたが、午後から厳しい暑さになった一八七五（明治八）年七月十八日のことである。東京数寄屋町の天野屋お抱えの芸者おふたは、浅草三社祭の見物に出かけた。その見物から帰る時、「あら苦しやと帯も着物も脱棄て燃立ごとき緋の湯まき」の姿で、往来の近くにあった縁側の端で休んでいた。要するに腰巻一枚の状態である。そして、団扇で涼みながらその白い肌をさらしていると、巡査がこの様子をめざとく見つけ、そのままおふたを引き立てようとした。しかし腰巻きだけで連行されるのも可哀想だということで、近辺の人が巡査にお願いして、なんとか浴衣と細帯は付けさせてもらえたという。罪名は「片袒脱違式の罪」[37]だった

図4－5　郵便報知新聞　第七百二号

（図4－5）。

　よく似た話は他にもある。屋内で裸体のままノミを取っていた女房が、違式詿違条例違反のかどで裸体のまま引っ立てられたときのことである。お縄になったこの女房は、恥を往来にさらしたからには「此処にて餓死するより外なし」と座り込んだという[38]。しかし、屋外のみならず屋内の裸体までも取り締まるのは、現代から考えると明らかに行き過ぎである。『読売新聞』には「追々暑さに成るが裸体は勿論肌をぬいでもいけませんぞ浅草駒形のどぜう屋の客も十六日に肌をぬいて巡査《おまわり》に見つけられ馬喰町三丁目の伊勢屋といふ旅籠やの客も肌をぬいで巡査に見つけられましき御用心成され[39]」と民衆に同情する記事も見られる。

　ちなみに、一八七六（明治九）年に裸体をさらして検挙された者は、東京だけで年間二千九十一名にのぼったという。また、入込湯を営業して捉えられた者も三十名いた[40]。当時の川柳には「肩ぬぐと直ぐに巡査が灸をすえ[41]」とある。また、警察を皮肉って「肌脱げど、律にはふれぬ人の世話」というものもある。これは義理人情で一肌脱いだ当時の人々の本音に違いない。

地方にも浸透する違式詿違条例

「違式詿違条例」は、地方へもかなり速やかに浸透した。北海道まで旅したイザベラ・バードが一八七八（明治十一）年七月二十一日に記録したエピソードは、まさに地方にも広がる「違式詿違条例」を示す格好の事例である。

その日バードは、人力車で久保田（秋田）に向かう途中であった。バードの人力車を先頭に、一行は非常に狭い道路を進んでいくと、囚人を連行する警官に出会う。すると、「私の車夫は、警官の姿を見ると、すぐさま土下座して頭を下げた」という。車夫があまり突然に人力車の横棒を下げたため、バードはもう少しで車の籠から放り出されそうになる。さらにバードの車夫は、「横棒のところに置いてある着物を慌てて着ようとした。また人力車を後ろで引いていた若い男たちも、私の車の後ろに屈んで急いで着物をつけようとしていた」というのである。要するに、着物を脱いだままだと「違式詿違条例」の「裸体又は袒裼し或いは股脚を露し醜体をなす者」に抵触する。しかもバードの車を引いていた車夫は「頭のてっぺんから足の先まで震えていた」という。これに対してバードは、これほど情けない光景は見たことがないと、強い嫌悪感をあらわにしている。このバードの記述からも明らかなように、「違式詿違条例」の威力は、明治一〇年代初頭には、地方の隅々まで行き渡っていたと考えてもよい。

バードの車夫は地面にはいつくばり、警官が話すたびに頭を少し上げ、再び深々とお辞儀する。おそらく警官は車夫らの裸体について問い詰め、彼はその弁解をしているのだろう。これに対してバードがとりなすと、警官は「他の場合なら逮捕するのだが、外国人に迷惑をかけるから今日のところは大目に見よう」と語ったという。ここでも外国人の視線を極端に意識する日本人がいる。現代の日本でも外国人、特に欧米人を特別視する習慣が日本にはある。これは明治時代に日本人に刷り込まれた悪弊ではないかとも考えたくなる。

ともかく、こうして一件落着となるのだが、その後の若い車夫の行動がまた面白い。「道路を曲がって、警官の姿が見えなくなると、二人の若い車夫はたちまち着物を放り出し、大声で笑いながら、梶棒をとり全速力で駆け出したのである！」[42]。これと同種の光景は、現在でも目にしたりするものである。

本章の冒頭では、外国人の好奇の眼差しが直接的な要因になって、日本の女性が裸体を隠し始めた点について見た。また、裸体に対する外国人の批判的な視線は、明治政府への圧力として働き、これが裸体を公的場所から締め出す法規制の成立につながった。そして、その法規制は徹底して行われることになり、女性の裸体ばかりか、男性の裸体も街頭から強制的に隠されるようになる。いわば外国人のタテマエの視線は、間接的に日本の街頭から裸体を消すのに大きく寄与した。すなわち、外国人の「ホンネの眼差し」と「タテマエの視線」という「西洋文明の複眼」が、直接的および間接的に、日本人のはだかを弾圧したといっても言い過ぎではない。

明治政府による裸体弾圧以降、日本人は裸を徐々に隠すようになる。この結果、明治政府が意図したように、裸体を隠す習慣が根付いていく。これは見た目には西洋的「文明化」に合致する。しかし、裸体を徹底して隠す行為には、予期せぬ副作用があった。そして、時の明治政府高官は、この副作用についていまだ知るよしもない。

第５章　複雑化する裸体観
～隠すべき裸体と隠さなくてもよい裸体～

それでものんき気な明治はつづく

「違式詿違条例」を盾にした明治政府の裸体弾圧は確かに厳しかった。とはいえ、人々の裸体観がそう簡単に変わるものではない。

明治政府に招かれて一八七六（明治九）年に来日し、彫刻の指導にあたったイタリア人ヴィンチェンツォ・ラグーザというお雇い外国人がいた。ラグーザは、ラグーザお玉こと清原玉という日本人女性を妻にめとる。ラグーザお玉は、ラグーザの元で美術の指導を受けた画家でもある。このラグーザお玉が、ラグーザにつれられて京阪地方へ旅行したことを回想した記述がある。一八八〇（明治十三）年の夏のことである。

東海道にはまだ鉄道が敷かれていない。そのためお玉は人力車、ラグーザは馬を用いた。藤沢あたりで一泊、箱根でも一泊し、大井川を渡って西へ西へと向かう。そして京

図5－1　ラグーザお玉が描いた京都の宿屋

都に到着してのことである。「京都の宿へ着いた時には、ちょうどその上がり框で、二人の若い女中さんが、暑いので肌ぬぎになって、石臼で粉を挽いていましたが、私達の車が着いたのを見ると、すぐ手を袖に入れようとしました」。それに対して、ラグーザお玉は、「ちょっと……ちょっと……そのままにして下さい」と頼み、彼女たちの姿を写生したという[1]。こうして出来上がったのが図5－1の絵画である。

かつてオリファントは、下田の住民の様子を「男はほとんど下帯だけ、女はふつう腰から上を露出している」[2]と記した。また、エルベ号のヴェルナー艦長は「女性も家の中で仕事しているときでも、暑いと止むを得ず着物をおおかた脱いでしまうので、裸同然の姿となる」[3]と書いた。ラグーザお玉が描くように、この流儀は明治十年を過ぎても生きていたようである。

公衆浴場の風景も、現代から見るとまだまだおおらかであった。年代は明確ではないが、石榴口が取り払われる明治十八年前後のことであろうか。陸湯《おかゆ》すなわち「あがり湯」に関連する証言が残っている。陸湯とは、身体を洗う時や湯から上がる際身体を流す時に使う湯を貯めた槽のことである。江戸の頃、陸湯は湯くみ男からくんでもらったが、明治時代には浴客が勝手にくむことができた。この陸湯の槽は男女共用で、双方が見えないよう仕切り板がしてあった。

「お湯は男女共用ですから、両方から桶を突込んで、小桶の鉢合わせはしょッちゅうで、ソコで知り合った同士『オイ春さんじゃァないの』『オオ秋さんか、おめかしだネ』『串《じょ》戯《うだん》いっちゃァいやよ、今来たばかりさ』」といった具合に、仕切りを挟んで知り合いの男女同士の会話が始まる。すると男性側が悪戯して「板仕切りから覗きあげて『ばア』『アラいやだ』、『この頃は肥ったネ』『喰いものがいいからサ』、『ヒジキに油揚か、乳ッ首が黒ずンだネ』『よしておくれッ』パチンとお湯のはねるように汲んでいってしまう『畜生ッ、情夫《イロ》をこしらえやがったナ』稽古所で一緒になる、町内の火事師《ひごとし》の娘と、経《きょう》師《じ》屋《や》の職人といった手合いの串戯口なんですが、妙な時代でした[4]」。

火事師とは火消しのことである。その娘だから威勢がいいのだろう。経師屋は表具師のことである。年頃同士の二人の会話と考えればよい。しかし、現代からは考えられないほどのオープンさである。今や少しでも女湯を覗こうものならば、即通報される。

もっとも、火事師の娘と経師屋が通っていた公衆浴場は、まだ男女別がはっきりしていた方である。もっとオープンな公衆浴場もあった。一八九一（明治二十四）年五月、神戸にやって来たフランス人カヴァリヨンは、二人の人力車夫に案内してもらった「一軒の家」について書いている。靴を脱いで畳の上に上がり、奥の方へと入って行くと、「私は目覚めたばかりのヴィーナスの素朴な装いの五人の若い女の前に立っていたのである。間違いなく銭湯にいたのである」。

カヴァリヨンは女たちの羞恥を考え帰ろうとした。しかし、番台の男が風呂にはいっていけと勧める。「そこで考えを変えて、熱い湯に浸かったのである。しかし女性専用の湯舟ではなく、ちょっとした仕切りで隔ててある別の湯であった」。このように浴槽自体は男女別である。しかし、その構造は現代の銭湯とはまったく違う。カヴァリヨンの話の続きを聞こう。「政府は、ヨーロッパの偽善を真似るのに汲々としており、混浴を禁じてしまったのである。その禁止令に従って、一寸ほどの厚さの板囲いが張られることになり、仕切りが出来たのであるが、男湯、女湯の二つともさながら劇場の舞台のように、公衆の方に向いているのである。こんな次第で日本では美徳は十分に守られているのである⑤」。

カヴァリヨンの話を聞いて思い出すのが62ページで紹介した長谷川不深の絵（図2－4）である。図の公衆浴場はまだ石榴口をもっているが、要するに浴槽部分は男女別になっているものの、洗い場の一部と脱衣場は男女共用である。カヴァリヨンが入った公衆浴場もこのような構造をしていたのであろう。まさに「劇場の舞台のように、公衆の方に向いている」わけである。このような公衆浴場を現代では男女別とは決して言わないであろう。過渡期の構造といえる。

フランス人小説家が見た長崎の外風呂

当時の家庭での入浴についても、興味深い一文が残されている。一八八五（明治十八）年七月に船の修理のために長崎に寄港した、フランス海軍将校で作家としても活躍していたピエール・ロチによるものである。このとき三十五歳のロチは日本に約二ヶ月滞在する。この間彼は、日本人女性のお菊さんと「小さな結婚」をする。お菊さんを妾にしたのである。そして、その間の暮らしをとりとめなくつづったのが小説『お菊さん』である。

この中に、ロチが見た長崎の外風呂の様子が描かれている。小説とはいえ、実際にロチが当時の長崎で見た様子を書き写したと考えて問題ないだろう。ロチは言う。「このナガサキには、一日中の最も滑稽な時刻がある。それは夕方の五時か六時頃である。この時刻は人人が丸裸で居る。子供たちも、若い人たちも、年寄りたちも、年寄りの婦人たちも皆それぞれ桶〔盥《ヂャル》〕の中に坐つて湯あみをして居る」。

もちろん長崎の人が風呂に入っているだけなら滑稽でも何でもない。このフランス人が異様に感じたのは、その湯浴みが「庭の中でも、中庭の中でも、店の中でも、または門口でさへも」「少しの蔽ひ物もなく、所かまはず行はれる」という点である。加えて奇妙だったのが、入浴者の立ち居振る舞いである。「往来の此方側から向側へ隣同士で成るべく易易と話の出来るやうに。此の状態で人にも逢ふのである。躊躇することもなく桶の中から出て来て、きまり切つた浅葱色の小さな手拭を手に持つたまま、来訪者を坐らせて、おもしろい相槌を打ちながら対手になるのである」。

さらにロチはこの風習に対して、滑稽感ではなく不快感をにじませる。妙齢の女性達が、自分のはだかを気にせずに桶から出たり入ったりするからである。「併し彼等は、ムスメたちは（年とつた婦人たちだつて）、斯んななりで出て来てちつとも見つともよくない」と意見する。そして、「日本の女は、長い着物と仰仰しく結ひ立てた大きな帯を取つてしまふと、曲がつた足をした、細長い梨型の喉をした、小さな黄いろい存在に過ぎなくなる。彼女の小さな人工的の魅力《シャルム》は、着物と一緒にすつかり無くなつてしまひ、なんにも残らなくなる」(6)というのが、ムスメ達の外湯に対するロチの見解である。

着飾った日本人娘はまだ様になるが、裸には何の魅力もない――。これは日本女性をはなはだ軽侮した言葉だろう。ただし断っておくと、当時日本にやって来た多くの外国人が日本の文化や風習に陶酔する中、どちらかというとロチは、文化や風習ばかりか、日本人そのものを端《はな》から見下していた風がある。鹿鳴館に集った人々を「サルによく似ている」(7)と評したのもこのロチである。その傾向がこの文章にも出たと考えたい。

なお、ピエール・ロチは、十五年後の一九〇〇（明治三十三）年に再来日し、かつて過ごした長崎を再訪している。そしてお菊さんと同棲していた時に住んだお梅さんの家宅へと向かう。「お梅さんの家へ向かって登るときに、そこで私を待受けているらしい余りに艶っぽい情景が、一種の予感となって心の中に浮かんでいた」。どのような予感か。それはお梅さん（すでに五十歳に近い女性である）が行水の最中ではないかという予感である。時間がちょうどその頃合いだったのである。ロチは続けて記す。「日本人は誰でも夏の夕方にはこの行水をはばかりなくやるのである。町なかよりもまだずっと素朴な風俗の残っているこの高地の町では、まだ行水もお菊さんの時代と同じように行われていた。男と言わず女と言わず、邪気のない人々が、木製の桶や、焼き物の大鉢を戸口や狭い庭に出して、その中で心身をさっぱり洗い流した(8)」。

我々は裸体が急速に消えていく様子をすでに見た。しかし、日めくりをめくった翌日から裸体が消えてなくなるわけでもない。西洋文明の複眼の威力がなかなか到達しない地域があって当然である。長崎では銭湯から裸体で帰る人はほとんどいなくなったと医師ポンペは述べた。しかし行水はその限りではなかったようだ。都市部と違って長崎のような地域では、裸体観が変化するスピードがはるかに遅かったのであろう。

もっとも、都市部でさえも街頭から早々に裸体が一掃されたわけではない。一八九九（明治三十二）年六月二十九日の読売新聞に次のような記事が見られる。「警視庁にては毎年夏期に至れば袒裼裸体《はだぬぎはだか》等の取締を厳重にする例たるが、本年は条約改正実施の際にもあり特にハインリヒ親王殿下（筆者注：ドイツ皇帝の弟）明日御入京相成るに付昨日より右裸体等の取締を一層厳重にし居る由なり」。政府の取り締まりもなんのその、裸体や諸肌脱ぎで闊歩する人物が後を絶たなかったようである。その一方で、いまだ外国人の視線を気にしている政府は滑稽でもある。

生き残る混浴の習慣

混浴の習慣も完全になくなったわけではなかった。といっても公衆浴場での話ではない。温泉宿での話である。そもそも「違式詿違条例」による混浴禁止で大いに困ったのが山間の温泉宿である。混浴が禁止されると、浴場の改装が不可欠になる。家族経営の宿屋にとっては死活問題にも発展しかねない。そこで、豊岡県（現在の兵庫県豊岡市）では、一八七四（明治七）年三月に県下の温泉での混浴について政府に陳情している。

豊岡県下には温泉場が多数あり、常時他県より病を癒すために浴客が多数来ている。それらの浴客は介助がなくては入浴が困難なので、自分の娘などを連れてくる。しかし、混浴が禁止だと介添えを雇うなどしなければならず、浴客にとって極めて不都合である。また、但馬国の湯村温泉は、狭い場所に湯が湧き出ていて浴室も一ケ所のみで、一村の収入は浴客からのみ得ている。よって、「此禁に因て一村の人民は糊口の道を失ひ陶然の至りにこれあり」と訴えている。さらに、混浴については一般の公衆浴場に限ったお触れであって、病人を対象とする温泉では男女混浴も差し支えないと考えるので、「拾二条の但書に温泉湯ハ暫く此限に非ず」と付け加えてもらいたいと嘆願した。(9) この「拾二条」とは、違式詿違条例に記された「男女入込の湯を渡世する者」に他ならない。結局、この願いは聞き入れられ、「他の府県でも同様であったものと思われる」と公衆浴場の歴史について記した『公衆浴場史』は記す。(10) こうして、公衆浴場での混浴は厳禁だが、温泉地ではその限りに非ずという、まさに現代に通じる混浴事情がここに始まる。

しかし考えてみると、お上から厳禁された公衆浴場での混浴は消滅し、お目こぼしとなった温泉地での混浴は今でも営まれている。そして、現代では銭湯での混浴は不道徳だと考えるが、温泉地での混浴については一向にそう考えない。このことから、国による規制が人間の常識を形成する上で、大きな役割を担うことがよくわかる。またこの一例から、我々が常識だと固く信じていることも、三、四世代前ならば非常識だったことがあってもおかしくないと言えよう。そういう意味で、一見堅固そうに見える世間の常識も、案外その足腰はもろいものなのである。

これに加えて、現代の温泉での混浴にも注目すべきである。これは規制されなかったがために生き残った習慣である。公衆浴場から混浴が消滅してもなくなりはしなかった。とすると混浴は、日本人に心の底から身についた習慣だったのではないか。そうでないとしたら、公衆浴場から混浴が消滅する過程で、温泉の混浴もその後を追ってもよさそうなものである。しかしそうはならなかった。特に昭和四十年代初め頃までは、昔日を想起させるような混浴が残っていたようである。

たとえば、歴史学者奈良本辰也氏は、鳥取県関金《せきがね》温泉での体験について次のように記す。「まだ新幹線の特急がなかったころ」ということだから、昭和三十年代半ばだろうか。二軒しかない宿屋の一軒に入り風呂に案内してもらう。しかし男湯と書かれた方に入ったにもかかわらず、「湯ぶねの方に仕切りはなかった」という。気楽なものだなと思いながら湯につかっていると、「しばらくして女湯の入り口で話し声が聞こえてくる」。するると、近在の農家のおばさんらしき女性が、なんのためらいもなく湯を浴びると、奈良本氏の向かい側に陣取った。「私は、混浴とはこのようなものかと心の奥底の方でしきりに感心したものである」(11)。これがその時の奈良本氏の感想である。

また混浴に関するこんな話を、情報通信史家で元電電公社マンの押田栄一氏から直接うかがったことがある。一九六一（昭和三十六）年、押田氏が栃木県の鬼怒川温泉に投宿したときのことである。同氏は同僚と飲んだ後に二度目の入浴のため大浴場に向かう。時間も遅かったので先客は誰もいず、一人湯船につかっていると、やがて脱衣場の方から声がする。そして二十代から五十代の女性七、八名が、浴場に入ってきたというのである。いずれも仕事がはねた仲居さんたちである。人数的にも圧倒され、湯船から出るに出られなかったと押田氏は当時を述懐する。そういえば先に、フランス人モーリス・

デュバールが大阪の宿屋で風呂に入っていると、女中も入りに来たという話にふれた。あれは明治八年のことだった。同氏の経験も、これと極めて近い。

温泉とも縁の深い漫画家つげ義春氏も混浴の体験を語っている。場所は群馬県湯宿《ゆじゅく》温泉にある大滝屋である。「大滝屋の湯はぬるかったように記憶しています」と語るつげ氏は、同館の「混浴に入るのをためらい、人の気配のなくなったのを見はからい」、脱衣場で衣服を脱ぐ。すると、中年のぼってりした体型の婦人が入ってきて、手早く全裸になった。そして、その婦人はカゴに向かって探し物のようなことをするのだが、「体を二つに折り腰を高く私の方に向けているので、モロに例の……が見えてしまい、まだ独身で若かった私は、大変なショックでした。二人で無言で湯につかっていて、私は体がゾクゾク震えていたのを覚えています」とつげ氏は述べている。その後、かの婦人の旦那らしき人物が入ってきて、つげ氏は「救われ（?）た」思いをしたと述懐している。[12]

なお、この時の体験が名作「ゲンセンカン主人」の入浴シーンを発想させたと、つげ氏は語っている。同作品が発表されたのが一九六八（昭和四十三）年だから、この混浴体験はそれより少し前のことであろう。ちなみに、つげ氏が宿泊した大滝屋はいまも健在である。同館には現在でもつげ義春作品の原風景を求めてやって来る宿泊客が年に数人はいるという。そういう私もそんな一人として、大滝屋に止宿したことがある。

それはともかく、現代にも混浴の温泉は多数ある。しかし、それは幕末のものはおろか、昭和三、四十年代まではまだあった混浴とも、本質的には似て非なるものになっているのかもしれない。混浴を売り物にする現代の温泉宿では、異性に裸体をさらすのを嫌がる女性客に配慮して、特定の時間帯を女性客のみの入浴に制限している所を見かける。また、水着は禁止されているものの、バスタオルを巻いても構わないという所や、胸から膝までを隠す「湯あみ着」を貸し出す温泉宿もある。さらに最近では、「タオルを巻いたまま湯に入る男性が急増している」[13]ともいう。こういう男性を「腰巻き男子」と呼ぶらしい。時代とともに、裸体に対する見方や接し方も大きく変わってしまったのである。現代にも混浴は生き続けている。しかし、幕末の混浴公衆浴場の残り香を見つけ出すのは非常に困難と言わざるを得ない。

海水浴に見る裸体観の変遷

話を明治に戻そう。明治半ばになっても、民衆の裸体に対する感覚は、羞恥心と強く結び付くものではなかった。まだ江戸時代ののん気さを色濃く残していたと言えよう。しかしその一方で、「違式詿違条例」を先頭にした裸体の弾圧は着実に効果を上げる。民衆の中には裸体と羞恥心を結び付けることを学習した、いわば新世代が台頭してくる。こうして明治中頃から明治三十年代にかけて、いわば新旧の価値観が葛藤する時代となる。この様子を知る上で格好の手掛かりになるのが海水浴である。

日本で海水浴が一般化するのは明治十年代になってからのことである。中でも海水浴の大衆化についてふれる場合、松本良順の名は決して忘れることはできない。良順は徳川幕府の医官で、林洞海らについて蘭学を修めた後、本書でも繰り返し登場しているポンペから西洋医術を授かった。明治維新の動乱では幕府側につき、維新政府に抵抗する。その後良順は朝敵として捉えられるも赦され、陸軍最初の軍医頭《ぐんいのかみ》に抜擢されている。そして軍の医療体制の整備に大きく貢献した。その一方で良順は、民間の衛生環境の改善に尽力し、その一環として海水浴を奨励する。そして一八八五（明治十八）年、良順が神奈川県大磯の照ヶ崎海岸に海水浴場を開くことで、日本の海水浴の一般化が始まる。

図5－2　ビゴーが描いた熱海の海水浴場

当時の海水浴の様子が、フランスの画家で多数の風刺画を世に残したジョルジュ・ビゴーの作品の中に見られる。そのひとつが一八八七（明治二十）年の熱海の海岸である（図5－2）。腰巻ひとつで上半身は裸の女性が、特に恥じることなく男性と一緒に沐浴している。子供は丸裸である。海中で見えないが、男性はふんどし姿が一般的だったようである。ただ、手前でしゃがんでいる男

図5－3　ビゴーが描いた稲毛海岸の海水浴風景

性は何もつけていないように見える。ほおかむりしているのは日差し除けのためである。現代から見ると、隠すところを間違っていると言わざるを得ない。また、もうひとつの図5－3も同じビゴーの作品で、千葉県の稲毛海岸を描いたものである。一八九八（明治三十一）年の作である。違式詿違条例の成立からすでに四半世紀をへているが、女性はやはり腰巻ひとつで胸部の露出は健在である。恥ずかしがる様子はまったくない。

時代は前後するが、一八八八（明治二十一）年あるいは八九年の夏のことである。東京の華族女学校の英語教師として来日したアメリカ人女性アリス・ベーコンが、「ある夏、とてもしゃれた海辺」で見た光景を記している。彼女がぼんやり海を眺めていると、海水浴客の荷物置き場に、天秤棒と果物籠、それに果物売りのものに違いない青い服が重ねてあるのに気が付く。すると、その持ち主である小柄な女性が海から上がってくると、小さな手拭いで悠然と体をぬぐいだす。彼女が全裸だったのか、腰巻をしていたのか、ベーコンはその辺りについて記していない。ただ、「日本の農民は他になにも持っていなくても、この手拭いだけは身につけている」という表現から察するに、どうやら果物売りの女性は全裸で海につかっていたようである。

ベーコンが驚くのはここからである。彼女が体をふいていると、男の友人がその場を通りかかった。ベーコンは彼女がどういう振る舞いをするのか興味深く眺めている。すると、「果物売りは別段急ぎもせず、友人がかなり近くに来るまで、そのままのんびりと体を拭き続けていた」という。そして、互いに挨拶をかわすが、「お互い、レディーの身仕舞いがしっかりとされていないことなどに、まるで気づかないようだった」[14]と記す。彼女と出会ったときの男性の視線は、ハイネが下田公衆浴場図に描いた、腕組みして立つ男と同種のものだったに違いない。

ただし、海水浴時にすべての女性が裸体をさらしていたわけではない。たとえば、一八八九（明治二十二）年八月十七日付の朝野新聞では、「妻君、令嬢並びに女教師、女生徒らしき連中が、身に薄き金巾の西洋寝巻を纏《まと》い、首に大なる麦藁帽を冠り、三々五々相携えて、余念もなく海中に遊び戯むるる事なり」[15]とある。西洋寝巻とは、当時女性が海水浴をする際に身につけた、いまでいうネグリジェ（ただし生地は厚め）のようなものである。

また、一八九二（明治二十五）年八月二十三日付の読売新聞では、「日本橋区浜町河岸に設置の水泳教場」で泳ぐ三人の水着美女の記事を掲載している。「緋《ひ》縮緬《ちりめん》の肌着に半股引《はんももひき》を穿ち、抜き手を切て中洲まで往復する様は男児も反ておよばざる程なり抔《など》との評判高く依て両国元町近傍の閑暇人《ひまじん》は、これを観んとて態々《わざわざ》浜町河岸まで出懸るもの多しと」。こちらの三人の美女も水着を着用している。仮に彼女たちがビゴーやベーコンが描く出で立ちで泳いでいたならば、閑暇人の数はさらに増えたかもしれない。いや、水着姿だったから余計珍らしかったのか。なお、後日の記事では、その後も数を増す閑暇人に辟易した美女三人は師匠ともに水練場の場所を変えたと報じている。

さらに、水着を着用していようが、男女が同じ海水浴場で泳ぐのは混浴と同等でありけしからんという論調も見られた。一八八八（明治二十一）年七月十八日付の東京日日新聞が次のように報道したという。「神奈川県庁に於ては、近年同管下の各海浜に海水浴場を設くるもの続々あり、随て男女混浴の弊あるに付、爾今浴場に男女の区域を設けしめ、之れに違ふものは違警罪に問ふことにせらる、とか聞く(16)」。規則を厳密に運用しようとすると、結果、こうした滑稽な結末に至るケースは、現在でもあちこちに見られるものだ。

裸体を徹底的に隠す女性

ところで、海水浴に関しては、あの女性解放運動家平塚らいてうが興味深いエピソードを披露している。らいてうが女学校に入った一八九八（明治三十一）年に、葉山で夏を過ごした時のことである。この葉山の宿の近くに、子爵井上毅《こわし》の別荘があり、そこには同級の井上ふじ姉妹が、家庭教師アリスに付き添われて避暑していた。らいてうはこのアリスから泳ぎを教えてもらう。らいてうが着ていたのは「母が手ミシンで縫ってくれた白キャラコのワンピースのような水着」だったという。西洋寝巻タイプだろう。一方、家庭教師のアリスは「真赤なモスリンの水着の短いパンツから、白い腿をむき出しに」していた。らいてうはこのアリスの姿を「西洋人とはいいながら、気になるほど目立ちました」と回想している。

それはともかく、この葉山にはらいてうの父で会計検査院次長平塚定二郎のもとで働いている人の家族も避暑に来ていた。こちらの家族にも年頃の娘が二人おり、「やはり看護婦のような水着」を持ってきていた。ところが、らいてうがアリスに泳ぎを習う昼間、彼女たちの姿が見えない。その訳を彼女たちに聞いたところ、「昼間はとてもはずかしくて駄目ですから、夜、海へ入ります」と、答えたという。一方、らいてうはというと恥ずかしさよりも泳ぐことへの怖さが先行したという。(17) さすが女性解放運動家といったところか。

以上のような海水浴事情から見て取れるのは、相克する裸体観とでも言うべきものかもしれない。海水浴を温泉や昔の公衆浴場の延長でとらえる古風な考え方の持ち主は、腰巻一枚で水につかってもなんの恥じらいもないだろう。このような女性がビゴーの絵に象徴的に描かれている。ちなみに、かつて風呂に入る時、男性は褌、女性は湯文字（腰巻）という時代があった。したがって、褌や腰巻で水浴するということは、伝統的な入浴方法でもあるわけである（余談ながら、現代の「湯あみ着」も伝統回帰なのだろうか）。また、地域による裸体観の違いもあった。ベーコンが見たように田舎での裸体観はまだまだ古風であった。

その一方で、明治時代に始まる海水浴を西洋の習慣ととらえる新しい考え方の持ち主もいた。これが新聞の報じる「身に薄き金巾の西洋寝巻」をまとった妻君や令嬢、女教師、女生徒たちである。もちろん「緋縮緬の肌着に半股引」の三人の美人もその仲間である。もはや彼女たちは裸体をさらして水浴しようとはしない。そこに見られるのは、羞恥心という新たな基準の元に、意識的に裸体を隠す女性達の姿である。

さらに、その「看護婦のような水着」の姿すら恥じらう女性もいる。平塚らいてうが語る二人の年頃の娘がそうである。らいてうは一八八六（明治十九）年生まれである。二人の娘も同年代だから、当時十二歳前後になる。要するに「違式詿違条例」がすでに地方まで広がった時代以降に生まれたポスト違式詿違条例世代とも言える女性たちである。彼女たちの場合、生まれた時から裸体は禁忌である。加えて、高等教育を受けた女性ならば、西洋人と同じ羞恥心に基づいて裸体を極度に隠すようになったとしても不自然ではない。

このように、ハイネが見た下田公衆浴場から四十年余りたって、日本人の裸体観は、古風な価値観と新たなそれとがせめぎ合う様相を呈する。さらに日本人の裸体観が混沌とする中、やっかいな問題が現れる。芸術的な裸体である。すなわち、公然と露出される裸体は猥褻だが、芸術的に表現された裸体はその限りに非ず、という問題をどう考えるかということである。明治時代半ば、この考えの是非を巡る議論が裸体画論争として社会的に巻き起こる。そして、日本人の裸体観にも大きな影響を及ぼすことになる。

裸体画論争の端緒

裸体画論争の端緒になったのは、作家・詩人であり編集者でもあった山田美妙《びみょう》が一八八九（明治二十二）年に発表した小説「蝴蝶」である。盛岡藩士の子として生まれた美妙は、八五（明治十八）年、尾崎紅葉らとともに硯友社を結成し、機関誌『我楽多文庫』上に小説を発表し始める。プロ作家としてのデビューは歴史小説「武蔵野」で、「です調」で書かれたこの作品は、二葉亭四迷の「浮雲」と並んで言文一致体を創り出す。この美妙が八九年一月二日発行の雑誌『国民之友』に掲載したのが問題の「蝴蝶」である。

壇ノ浦の戦いで辛くも一命をとりとめた宮女蝴蝶は、磯に打ち上げられ、「黒松の根方に裸体のまゝ腰を掛けて」いる。「濡果てた衣服を半ば身に纏つて」いるその姿は、

図5－4　「蝴蝶」の挿絵

「水と土とをば『自然』が巧に取合はせた一幅の活きた画の中にまた美術の神髄とも言ふべき曲線でうまく組立てられた裸体の美人」である。作家はそんな蝴蝶を「あゝ高尚。真の『美』は即ち真の『高尚』です(18)」と絶賛する。そしてこの時、半裸の蝴蝶は、密かに想い続けていた二郎春風という平家の落ち武者と再会するのであった。

小説にはその時の情景を描いた、渡辺省亭による挿絵が一枚掲載された（図5－4）。蝴蝶は宮廷の女官らしく長い黒髪と引き眉をもつ。うつむきかげんの顔は端整である。下半身こそ着物で隠れているものの、胸部をあらわにした身体の線がなまめかしい。そしてその蝴蝶を二郎春風が見上げているという図である。そしてこの挿絵を伴う小説が発表されるや、新聞や小説で蝴蝶の裸体に対する是非が議論される。

たとえば読売新聞では、早くも一月十一日付朝刊の投書欄「寄書《よせぶみ》」に、「書中の裸《ら》胡《こ》蝶《ちょう》」と題した「刺笑生《ししょうせい》」という読者からの投書を掲載する。「書中の乾胡蝶《とうこちょう》とは詩人の一難題なるが茲《ここ》に書中の裸胡蝶と云ふ新題を得たり。蓋《けだ》し近刊の某雑誌を読みたる人は此の裸胡蝶を見給ひしならんが希臘《ぎりしや》女神の白大理石の立像かと思へば其蜂腰《ほうよう》ならぬも道理なり。蝶児の臀《いさらい》の太きは曲線の美術の美妙かは知らねども之れを美術の濫用とでも評すべき歟《か》。近頃不似合千万なる御手際と申すべし」（句点筆者）。

このように「刺笑生」氏は、なまめかしい曲線を強調した、大きなお尻の裸蝴蝶は、美術の濫用であり公衆の面前にさらすものではない、という意見である。「曲線の美術の美妙」と作者の名前をかけている所など、皮肉をきかそうと努めている。

するとさっそく翌日には、「刺笑生」氏に対立する投書が掲載される。「鷗外漁史《おりがいぎよし》」という人物からのもので、タイトルは「裸で行けや」である。この鷗外漁史とは、あの森鷗外に他ならない。鷗外はこの「蝴蝶」が発表された同年八月に、同じく『国民之友』において、訳詩集「於母影《おもかげ》」を共訳で発表する。もちろん鷗外の立ち位置は裸蝴蝶支持派である。

「書中の裸蝴蝶（！）……オヤ〳〵瑣吉《さき》ツアンかおえいチヤンなら「思《ママ》ひしことよ、といふ処だ……ダカ西洋で千年も二千年も続いた喧嘩が又た此処等で持上ツては大変だ……武チヤンも武チヤンだ『裸但しミユルテの葉にて例の処は隠れて見えず』とか何とか云ツてコンナ人に安心させれば好いに……洋服を着て店を張つて居ればプロも上品で女湯に行ツて居りやア奥様も下品だと思はれりやア仕方が無い欧米のバレツトなんぞはトリコーを着て居るから高尚だと感服するだらう……何ンにしろコンナ先生には鎌輪《かまわ》ずに裸で行けやポエジー（！）」。

瑣吉ツァンは、細かいことを言う人のことだろうか。おえいチャンおよびそれに続く言葉の意味はよくわからない。山田美妙の本名は武太郎だから武チャンとは美妙を指す。鷗外はごまかしの言葉でも使って、細かいことに目くじらを立てる人物を煙に巻くよう、美妙に忠告している。そして最後には、そんなやつは放っておいて「裸で行けやポエジー」と締めくくる。これまた少々意味不明だが、ポエジーを詩人と読めば、美妙その人（彼は詩も書いている）への激励となる。

その後、読売新聞には一月十八日まで毎号の「寄書」に、裸の蝴蝶に対する反対派・賛成派の意見が載る。ある人はさらなる露出を求め、また別の人は学識をひけらかして蝴蝶の裸体を非難する。その揚げ足をとって、さらに学識をひけらかす者もいる。何だかウェブ上にある掲示板サイトを見る思いで興味深い。その間編集者は高みの見物を決め込んで意見を表にしない。議論が過熱してくると、最終的には「今日を限り編者預りて勝負なしと定めぬ」と、以後、関連投書の掲載をとりやめる。

さらにこの騒動には後日談がある。「裸で行けやポエジー」を実行した人物が登場した。「一時我読売新聞の寄書欄内にて大議論のありし裸胡蝶を大胆にも微妙にも社会公衆の中にて実行したるものあり」と、一月二十五日付で投書ではなく記事扱いで報道している。府内の消防組の組頭が、芸者や落語家を招いた新年宴会を開催した。その中の枝太郎という落語家が大いに酔っぱらい、裸踊りを始めたところ、これを契機に宴会場では裸は是か非かという議論になったというのである。新聞記事になるようなネタとも思えないが、当時世間ではこの裸蝴蝶で結構盛り上がっていた様子がうかがえる。このように明治中頃になると、公衆の面前で裸体をさらすのが不謹慎だという論調が民衆の中に確固として存在していたことが、この事件から読み取れる。

黒田清輝と裸体画論争

山田美妙の「蝴蝶」は社会的物議をかもした。しかし、これ以上に大きな裸体画論争が巻き起こった。その事件の中心を占めたのが、洋画家黒田清輝による「朝妝《ちょうしょう》」である。黒田清輝は薩摩藩士黒田清兼の長男で、後に元老院議官黒田清綱の養子になる。一八八四(明治十七)年、法律を学ぶために渡仏した黒田だが、法律学は放棄して美術の世界に走る。そして、一八九三(明治二十六)年に、パリの春のサロンへ問題の「朝妝」を発表する(図5-5)。この作品は、全裸の女性が鏡に見入って身繕いする様子を背後から描いたものである。「妝」とは「よそおう、化粧」を意味する。

帰朝した黒田は、一八九五(明治二十八)年四月から京都で開かれた第四回内国勧業博覧会にこの「朝妝」を出品する。ところが、裸体画は風俗を乱すという主張から展示

図5－5「朝妝」

の可否が問われた。博覧会側が念のため警察にも問い合わせたところ、展示は見合わせるべきだという回答を得る。しかし、博覧会事務局用掛の山高信離《のぶつら》が西洋の例などをひいて展示しても差し支えないことを熱心に説く[19]。山高信離は元幕臣で、前にもふれた一八六七（慶応三）年のパリ万博に派遣された、徳川昭武を代表とする使節団の一員として渡仏している。その滞欧経験が手伝って、裸体画の出品にも前向きだったのであろう。最終的にこの作品は美術品部門のひとつとして公開されることになる。

しかし、世論は黙っていなかった。大阪朝日新聞では、「美術館内の裸体画」と題した四月五日付の記事の中で「五尺許《ばかり》の竪額《たてがく》に裸体西洋婦人の後向きに直立して姿見鏡に前部を映写せる図」について言及している。明らかに黒田が描いた「朝妝」に他ならない。記者は言う。「元来日本画中此種《このしゅ》のものは禁制品中に数へられたる猥褻画なりと思ひ居りしに、今《いま》公然館中に掲げられたるは、油絵原則に拠《よ》り両股相接《りょうこあいせつ》する体勢を顕《あら》はし、陰毛を描かず普通一般の油絵として差支《さしつか》へなき由、或る筋の人より聞けり。今此説をして真ならしめば、今日已後《いご》美術の範囲より一歩を誤り、其極《そのきわみ》風俗を壊乱するに至るべき絵画の雑出するを見んも知るべからず、と某観者は言へり。兎に角此事は美術界の一問題となるべきか」（句読点筆者）。

要するに、風俗壊乱の原因ともなりかねない裸体画展示はいかがなものかという主旨である。記者は、絵画を鑑賞した人物（某観者）の意見のように記しているが、おそらく記者自身の本音を書いたのであろう。同じ記者が書いた記事かどうかはわからないが、同紙の四月二十三日付の記事では「醜画陳列に就て」と題して、「朝妝」が展示されるに至る経緯を書いている。タイトルからも明らかのように、あくまでも裸体画の展示に反対するのが同紙の立場である。

また、五月十一日付の都新聞では、「裸美人画は之を秘せよ」と題して、「嗚呼《ああ》何ぞ醜怪なるや、裸体画果して美術の精粋を現はすものか」と非難する。そして、「彼の裸美人や果して美術家の技量を示すに足るとせバ、之を画く亦た必ずしも不可なりとせず、然れども之を公衆の前に掲示するに至りてハ醜怪も亦た甚だし、彼等美術家ハ其美術論に心酔して、社会の風俗に及ぼす影響を忘れたるものなり[20]」と、描くのは勝手だが展示はよせと画家に忠告する。

博覧会が開催された地元京都の日出新聞も批判記事を掲載した。「今は此画《このが》の巧拙を議するものなくして、只貴重なる内国勧業博覧会に一汚点を付したりと評するものあるのみ、汚点たらば撤去するに如かざるなり、今回の博覧会に於て、世論の囂々《ごうごう》たるもの、此画を除きて東山のサンライス（筆者注：後にふれる「村井タバコ」の一銘柄）が大広告あるのみ（中略）某新聞はすでに醜画の名を下し罵倒して憚《はば》からず、評者も敢《あえ》て憚かる処にあらず、只出品者に於て三省せん事を思ふのみ」(21)。黒田の名は挙げていないものの、最後には出品者に反省を求める厳しい書きぶりである。

この他にも同様の論調は大阪毎日新聞、万朝報、東京日日新聞にも見られた(22)。読売新聞のように、裸体画にとりたてて興味を示さないものもあったが、新聞社の大勢は裸体画の展示に反対の立場をとる。すでにこの時期、公衆の面前での裸体は不道徳だという論調が、メディア側にとっての正論であったと見るべきである。

裸体画を前にした戸惑い

こうした批判に対して、「朝妝」を描いた黒田自身は、「オレの裸体画で議論が大層やかましく為り余程面白い」とうそぶく。そして、「いよいよ裸の画を陳列する事を許さぬと云事になれば以来日本人には人間の形を研究するなと云渡す様なものだから全く考へもんだ」と指摘している。さらに、「世界普通のエステチック（筆者注：美学）は勿論日本の美術の将来に取つても裸体画の悪いと云事は決してない。悪いどころか必要なのだ。大に奨励す可きだ」と主張する。その理由として黒田は、「此画を攻撃する者の説と云のは只見慣れないから変だ、画も何も分らぬ百姓共が見て何と思ふだらうかなどと云のだ、馬鹿の話さ。一体美術と云ものは何の為めだ、誰の為めだいつの代でもどこの国でも盲者を当に眼鏡を造る奴は有るまい、明めくら共に見せる為の美術ぢやあるまい」（句読点筆者）とたたみかける。そして「道理上オレが勝だよ。兎も角オレはあの画と進退を共にする覚悟だ[23]」と締めくくる。

　では、この絵を実際見た人々はどのような反応をしたのだろうか。先にふれた日出新聞には鑑賞者に関するこのような記述がある。「観者の体、嬉笑《きしよう》憚かりなく淫猥の言を放つものあり、婦女の如きは一瞥羞赧《いちべつしゆうたん》、逃るが如くに去るあり、側目顰眉《そくもくひんび》鑑査は那点《なてん》にあるやを論ずるあり、野娘田婦の如きは得意になりて男子に語るものあり」。卑猥な言葉を吐く男や顔を赤らめて逃げる女、眉をしかめる男、自慢げに話す女、その反応は十人十色の様子である。

　またこのような記録もある。実際に「朝妝」を見た「芝廼園」という筆名の人物による「兎も角かしがましき裸体美人」という手記である。芝廼園は「曲線の配合は美術の神髄、されば裸体画はむろん美術の神である、それに仏蘭西新派の瀟洒《しようしや》たる粉毫《ふで》と来て、意匠勁抜《けいばつ》なる朝起の結髪姿《けつぱつすがた》生気勃々《ぼつぼつ》として何うも云へんの――」と、「朝妝」を前に会話する「洋装の色白き小男」とその連れの「大兵肥満の男」の言葉を紹介する。しかし投稿者はこの両名の意見には不賛成で、そんなのは「いかさま〳〵」と切って捨てる。

図5－6　ビゴーが描いた「朝妝」を見る人たち

彼の本音はこうである。「評判の裸美人彼女に果たして神通力があらば、あはれ願はくば夜な夜な画面を抜け出でて、我が家へ密かに通ひ給へよなどと、たわいもなきこと吐き居たるも可笑し」[24]。高尚な美術論をよそにした俗っぽさは現在の美術館来館者にも通じる。

　さらに、ジョルジュ・ビゴーが描いた有名な挿絵も、当時の様子を知る手がかりになる（図5－6）。額縁に収まった絵画は明らかに黒田清輝による「朝妝」である。作品のまわりには老若男女が集っている。画面左の壮年の男性は難しい顔で作品と対峙している。一方、その隣にいる腰に回した腕に傘を持つ老人は、口を半開きにして作品に見入っている。さらにその老人の左前の婦人は、取っ手付きの片眼鏡で細部をもっとよく見ようとしているかのようである。右端にいる若き軍人も先の老人と同じように半ば口を開き、裸体を直視できないのか黒髪を眺めているように見える。その隣は親子連れだろうか。作品を間近に見る母親の傍らで、学生帽をかぶった男の子がメモか模写をしている。そして何より注目すべきは中央の女性である。着物の裾をお尻近くまでたくし上げ、両手で顔を覆っている。恥ずかしくて直視できない、ということだろう。しかし、あらわになった脚線といい、着物に隠れた臀部といい、額内のモデルのシルエットとほぼ同一である。絵画同様あなたの両脚もかなり艶めかしいと、画家は指摘しているのだろうか。

この絵が当時の様子をどれだけ克明に描いているかは定かではない。裾まくりして両手で顔を覆う女性はあまりにもできすぎである。そうした明らかな意図的強調をこの絵から差し引いて再度見ると、そこには裸体画を前にした日本人の戸惑いとでも言える感情が作品全体から読み取れないか。この戸惑いの感情は、先に掲げた日出新聞の記事に登場する鑑賞者にも共通する。さらには、記事を執筆した記者にも共通する。それもそのはずである。明治政府は裸体を徹底して弾圧した。にもかかわらず、内国勧業博覧会という国家挙げての一大イベントに、強く禁止されていたはずの裸体が改めて堂々と展示されているのだから。諸肌脱ぎは「違式註違条例」で厳しく罰せられるのに、それよりも強烈な、鏡に向かう女性の裸体は、何故不問なのか。誰しも戸惑わずにはいられないのが、率直なところではないか。

柳田国男は著書『明治大正史　世相篇』でこう語る。「所謂対等条約国の首都の体面を重んずる動機も、十分に陰にははたらいて居たので、現にその少し前から裸体と肌脱ぎとの取締りが、非常に厳しくなつて居るのである」。これは本書ですでに述べた、外国人のタテマエの視線に配慮した明治政府の対応を指している。さらに柳田は言う。「是が恰《あた》かも絵と彫刻の展覧会に、最も露出の美を推賞しなければならぬ機運と、並《なら》び進んだのは不思議なる事実であった」[25]。柳田が言う「是」とは、裸体の弾圧に他ならない。つまり、一方で裸体を取り締まっておき、その一方で芸術的な裸体美が喧伝されるのは不思議である、こう柳田は語っている。柳田自身も戸惑っているように思えるのは筆者ばかりだろうか。いずれにしろ、裸体は猥褻なものとして弾圧する一方で、芸術化された裸体はその限りではないとする主張は、裸体が単なる「はだか」の頃には、理解できない論理だったであろう。

とはいえ、日本の西洋化の過程で見ると、改めて露出された裸体の前で戸惑う日本人は、こと裸体観に関して、着実に西洋的なものの見方を学習してきたことを裏付ける。ノルベルト・エリアスならばさしずめ「文明化の過程」[26]という階段を日本人は着実に登っていると表現したかもしれない。公衆の面前に軽々しく裸体をさらすものではないという意識が植え付けられていたからこそ、人々は裸体画の前で戸惑ったのである。たとえば、葉山の海水浴場で水着姿でさえさらすのを恥ずかしがったあの娘達ならば、ビゴーの描く女性同様、本当に両手で顔を覆ったかもしれない。

裸体画論争はまだまだ続く

物議をかもした「朝妝」は、その後、撤去されることもなく会期中をとおして衆目の前に展覧される。ただし、天皇が会場に行幸した際には布がかけられたという(27)。博覧会終了後には、住友家が「朝妝」を三千円で購入した。米価を基準に現在価値に置き換えると、当時は米一石が五円で、現在の価格に直すと約六万円になる。よって、当時の一円を一万二千円とすると、絵画代三千円の現在価値は三千六百万円になる。大金である。ただ、残念なことにこの絵は、第二次世界大戦中に空襲で焼失し現存しない。

博覧会が終了し、「朝妝」が住友家に収まったからといって、裸体画論争がおさまったわけではなかった。その後も芸術としての裸体画や彫刻をいかに扱うかという議論は続く。一八九七（明治三十）年五月には、裸体画や彫刻について一般向け展示会では風紀を壊乱する恐れのある作品の展示を禁じるという内訓が内務省で発せられた。これを機にして裸体を扱う美術作品に対する取り締まりが厳しくなる。この年の十月、白馬会展では黒田清輝が三対の裸体画からなる「智感情」を出品し一般に公開している。この展示に対して警察は動かなかったものの、同作品を掲載した雑誌『美術評論』は発売禁止になる。展示はよいが印刷物はいけないという相矛盾する処置を警察は行ったわけである。

続いて文芸雑誌『新著月刊』事件が起こる。この雑誌は後藤宙外が島村抱月や小杉天外らとともに一八九七（明治三十）年四月に創刊した。やがて同誌は小説のみならず、

図5−7　村井タバコの景品カード（吉井正彦氏提供）

海外のものも含む多くの裸体画を口絵に掲載するようになる。これが問題視され、翌年五月に発売停止処分となる。被告側は、『新著月刊』に掲載された裸体画が、公にも展示された美術作品であること、同様の絵画が白馬会をはじめとした美術展に次々と出品されていること、美術学校では裸体のモデルを生徒に描かせていること、さらに有罪ともなれば日本の美術界に大きな挫折をもたらすこと、これらを理由に無罪を主張した。審理の結果、五月三十一日に東京地方裁判所より無罪の判決を言いわたされている。[28]しかしながら、『新著月刊』は、その後再び刊行されることはなかった。

この事件とほぼ同時期に、京都村井兄弟商会（いわゆる村井タバコ）の「タバコカード事件」が起きている。同商会の創設者である村井吉兵衛は、一八九四（明治二十七）年に、アメリカから輸入した葉タバコを利用した「ヒーロー」を発売した。このタバコは輸入タバコに似ているとの評価を得てヒット商品になる。さらに、「ヒーロー」の販売促進に貢献したのがおまけで挿入されていたカードである。このカードには、なまめかしい女性が描かれており人気を博す。いま見ると女性を描いたとるにたらぬカードに過ぎない（図５－７）。ところがこれが風俗壊乱の罪にあたるとして一八九八（明治三十一）年六月に告発される。裁判の結果、カードの裸体画は海外のものだったため、違反にはあたらないものの、風俗壊乱はまぬがれないとしてカード発売禁止という処分になっている。

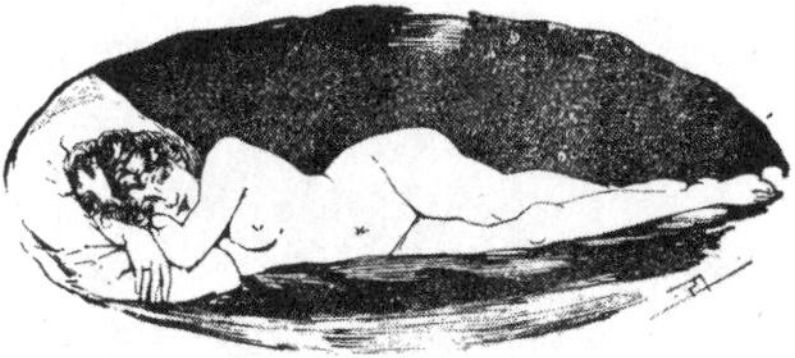

図5－8　一条成美によるフランスの裸体画模写

さらに一九〇〇（明治三十三）年十二月には、一条成美によるフランスの裸体画の模写（図５－８）を掲載した文芸雑誌『明星』八号が風俗壊乱に問われる。この模写は村井タバコのカード美女よりも明らかに露出度は高い。しかし現代では、少年マンガ雑誌の中にもこれより過激な表現がごまんと見られよう。もっとも、当時に現代の漫画雑誌があるわけもない。結局、『明星』は発禁処分になる。ちなみに『明星』を主宰する与謝野鉄幹は、発禁となった『明星』八号において、白馬会に出展された裸体画を美術作品として高く評価している[29]。これも警察の逆鱗にふれたのかもしれない。もっともこの発禁処分により『明星』は、「かえって世人の共鳴を得、部数を激増した[30]」というのだから、ものごとどう転ぶかわからない。

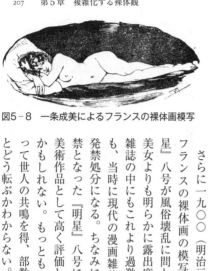

図5－9　白馬会展出品作（黒田清輝筆）

そしてついに一九〇一（明治三十四）年、裸体画を陳列する美術会にも警察の手が入る。その年の十月、東京上野で第六回白馬会展が開催された。この展覧会に出品した黒田清輝の裸体画の下半身部分が布で覆われてしまう（図5－9）。さらにラファエル・コランのオデオン座天井画の下絵など黒田以外の作品もである。下半身をわざと布で隠すのは現代美術ではあり得ようが、何も美術的効果を狙ってのことではない。これらの裸体画が風紀上好ましくないという判断で下谷警察署長の命令で行われた処置である。

これ以降、同様の例が続く。一九〇三（明治三十六）年の第八回白馬会展では、会場内に特別室が設けられ、そこに裸体画の作品が集められた。そして、特別室への入場は「会員の紹介状や優待券の保持者、美術学校生徒や研究者に限定された」[31]という。ターゲットになったのは白馬会だけではない。一九〇五（明治三十八）年四月には、巽画会展覧会に出品された高橋広湖の「如花」が下谷警察署より風俗壊乱と指摘されている。これにより同会では、特別室を設けて、「如花」を含む四点をそこで展示している。

ちなみに、こうした裸体芸術を取り巻く騒動は、ほぼ同時代のイギリスでも起こっていた。ヴィクトリア時代のイギリスでは、勤勉や節制を賞賛する厳しい社会規範が常識となっており、裸体は社会的禁忌であったことは、すでに述べたとおりである。当然裸体画に対する批判もかしましい。たとえば、ロイヤル・アカデミーなどの美術展に多数のヌード作品が出品された一八八五年のことである。「英国の良識婦人」と名乗る人物から、「ヌード作品は観客を侮辱し、モデルという職業の及ぼす害悪を露呈している」という投書が『タイムズ』紙に送られた。そして、かの「英国の良識婦人」は、ヌード画を陳列するギャラリーのボイコットを提唱する。これが契機となり、裸体画に対する批判の投書が各紙のコラムに大量送付されたという[32]。周回遅れかもしれないが、こと裸体画に対する日本人の意識は、イギリスに追いついたとも言えなくはない。

西洋文明化のための踏み絵

厳しかった裸体画の規制も大正時代も終わりに近い一九二〇年代半ばにはようやく緩和されるようになる[33]。しかし、緩和されることがあっても消滅することはありえない。そもそも、裸体を野蛮なものとして見るのか芸術として見るのか、その基準はあいまいである。そして決定的な物差しは現在も存在しない。それを象徴的に示すのが一九九九（平成十一）年にアメリカ人写真家ロバート・メイプルソープの写真集を猥褻図画として日本の税関が没収した事件である。写真集を没収された出版社社長は、これは猥褻図画ではないとして、国を相手取り処分の取り消しを求める訴訟を起こす。一審では原告勝訴、二審では被告の国が逆転勝訴するという経緯をたどり、二〇〇八（平成二十）年の最高裁では猥褻物の認定が取り消され、原告側の勝訴が確定する。事件発生から約十年たってのことである。この一例からも猥褻か芸術かの境目はいまだ曖昧なのがよくわかる。

それはともかく、では、明治時代の裸体画論争は、日本人の裸体観の変化にどのような意味をもつのか。最初に指摘したいのは、裸体画論争は性を徹底的に隠す社会では避けて通れないという点である。性を隠蔽する社会では、裸体を公衆の面前に露出してはいけない。しかしその一方で、芸術は崇高な精神の営みとして認められている。ところが、この芸術が裸体を対象にした途端、性を徹底的に隠す社会はたちまち狼狽してしまう。本来隠されるべきものが、芸術の名の下、白日の下に堂々とさらされるからである。これを頭ごなしに非難すれば、芸術を否定することになる。さりとて、野放しにしていたら、性を徹底的に隠す社会の根本的精神が覆されかねない。

そこで裸体を隠す社会では、巧妙な論理を考え出す。「文明人たるもの芸術の範疇に入る裸体については羞恥心を抱いてはいけない。なぜならそれは高尚なものだからだ」、というロジックがそれである。屁理屈のようにも思えるが、このロジックを社会が受け入れる過程で戦わされるのが裸体画論争に他ならない。そして現在、街頭に多数並ぶ裸体彫刻は、この巧妙な論理にのっとって堂々とその姿を公衆の面前にさらしている。

実際、同様の趣旨の発言が、蝴蝶事件後しばらくして公表されている。一八九一（明治二十四）年一月二十九日、明治美術会の常会において催された「裸体の絵画彫刻は本邦の風俗に害ありや否や」という討議でのことである。この討議で英国留学やアメリカ留学をし東大総長も経験した貴族院議員外山正一《とやままさかず》は次のように述べている。「畢竟《ひっきょう》裸体画は、風俗を害しはせぬかとの考へが浮ぶ位の腕前の人ならば、まだ〳〵裸体画は画かぬが宜《よ》し。裸体画の有害無害なりと云が如き考へは、露塵《つゆちり》ほども心に浮ばず、所謂《いわゆる》無心に画きて美術の最上乗《さいじょうじょう》たる人体をかき現はし得るに至ツて、始めて裸体の絵画彫刻を製出するに至らんことこそ望ましけれ(34)」。絵描きたる者、裸体を描くのに迷いがあってはならない。羞恥を感じるなどもってのほか、無心の境地で描くべきである。それができないならば、裸体を描くのは時期尚早である。外山博士はこのように言う。そしてこの言葉は、画家のみならず、裸体画を鑑賞する者にもあてはまる。

とはいえ極めて煩わしい話である。そもそも日本では裸体を日常品化して管理していた。それが西洋の流儀を輸入することで隠さざるを得なくなる。しかし、芸術の名の下に裸体が白日の下にさらされることになると、再度裸体をオープンにするための口実が必要になる。そして適切な合意がなされた後、裸体は公衆の面前に堂々と姿を現すことを許される。このように、一旦隠した裸体を再度あらわにしようと思うと、滑稽感すら覚える極めて複雑かつ不思議な手順を踏まなければならない。これは性を徹底的に隠す社会の宿命とも言うべきものか。あるいは、より一般化して言うと、秩序維持のために都合の良いロジックを編み出す脳化社会の宿命とも言えようか。

それからこの裸体画論争が、公衆の面前での裸体は恥であり猥褻で不謹慎であると考える、新たな価値観を前提にして繰り広げられたという点にも注目したい。つまりこれは、裸体を西洋流の「ハダカ」として理解した、いわゆる「文明化」された人々による議論だったことを意味する。その上で、芸術上の裸体が公衆の面前にさらされるのは是か非かが問われたのである。この議論はやがて芸術上の裸体は猥褻ではないという方向で社会の合意が形成されていく。そして、芸術的な裸体画については是と認める現代社会が仮に進歩的だとすると、裸体画論争は社会をそのレベルに押し上げる役目を果たした。ちなみに、裸体を隠す社会では、裸体画を取り扱うもうひとつ別の方法を持つ。退廃芸術などというもっともらしい名を付けて、公衆の面前から一切撤去してしまう方向である。しかし我々は芸術的裸体を承認する途を選んだ。そしてそれがために、いまだ芸術か猥褻かの論争が延々と続いていると言える。

さらにこの裸体画論争がマスメディアたる新聞を通じて全国各地に拡散した点についても注目したい。このニュースに接した民衆は、「文明人」ならば公衆の面前で裸体をさらすことは不道徳だという前提の上に議論が繰り広げられていることを察知する。言い換えると、公衆の面前での裸体は恥ずべきことであるという認識が欠如しているようでは、そもそも議論に加われないことを理解したわけである。この結果、民衆の側でも公衆の面前での裸体は不謹慎という認識がさらに強固になる。加えて、芸術としての裸体は卑猥か否かという、もう一歩進んだ議論について考える動機付けとしても働いた。これにより、裸体画論争は、日本人全体の裸体観を、より西洋的文明の方向に底上げするのにも大きく役立ったと言えよう。そして、このような観点から黒田の「朝妝」を見ると、日本人が西洋文明にさらに近づくための踏み台、否、「踏み絵」だったと位置づけられる。

もう一点注目しておきたいのは新聞が果たした役割である。黒田が「朝妝」を出品した当時、裸体画を「醜怪」ととらえ、「社会の風俗に及ぼす影響」を心配している本人が国家権力ではなく、世論の方向づけをする民間のメディアたる新聞だった。我々はすでに外国人の冷たい視線が国家を動かし、裸体を隠す一大キャンペーンが張られたことを見てきた。そして、「朝妝」の展示で大いにもめた明治二十八年時点、その効果は十分に発揮された。何しろいまや、国家権力に代わって、メディアが裸体を隠すことに懸命になっているのだから。あるいはこうとも言える。世論の先鋒としてのメディアが、率先してタテマエの視線を取り入れた、と。

裸体観の西洋化は、裸体を羞恥心と強く結び付ける。そして、日常的な生活から裸体を徹底的に締め出す。公衆浴場から混浴がなくなり、街頭から裸体が消えていく中、人々が裸体にお目にかかれる機会は当然少なくなる。特に異性の裸体を眼にする機会が大幅に減少する。こうして裸体が隠されるに従って、「性的興味の非対称性」とでも呼ぶべき現象が顕著になる。そして日本人の裸体観は現代のそれにますます近づく。

第６章　五重に隠されるはだか
〜隠され続ける先にあるもの〜

見るなの座敷

　神話や昔話には、特定の人や場所を見てはいけないという禁止をモチーフにするものが多い。「我《あ》をな視《み》たまひそ」[1]という約束を破ったため永遠に別れざるを得なくなるイザナギとイザナミの神話はそのひとつのタイプとして著名である。また昔話には、男女の間に「次の座敷を見るな」という約束が成立したのに、それが破られるというストーリーをもつものが多数ある。いわば「見るなの座敷」である。このタイプの昔話には「鶴女房」や「うぐいすの里」など多数ある。そして見るなの座敷型の昔話にほぼ共通するのは、女性が禁じる者、男性が禁を犯す者という配役である。男性が禁を犯すと、多くの場合、女性は鶴や鶯、白鷺に変身していずれかへと去っていく[2]。

　この「見るなの座敷」は、我々にとってあまりにもありきたりな「隠されると見たくなる」という経験則を再認識させてくれる。どうやらこれは人間が持つサガのようである。前章で見た裸体画腰巻事件は、神話や昔話ではなく、現実に起こった「見るなの座敷」であった。いや、明治政府によって強制的に隠された裸体こそが「見るなの座敷」であった。そしてこれが正しいとすると、神話や昔話が説くように、隠された裸体は覗きたくなり、やがて約束は破られる——。明治から現代に至る日本人の裸体は、まさに神話や昔話と同じストーリーをたどることになる。

一例を示そう。後に総理大臣を務める西園寺公望が、裸体画腰巻事件のあった第六回白馬会展を観覧した。西園寺が絵画の前に姿を現した時、貴人に敬意を表してか、掛けてあった布が取り払われ、作品本来の姿が展覧された。その時、西園寺は次のように言った。「あゝして隠せば無頓着に素通するものに却《かえ》つて注意を喚び起させる様な訳です」(3)。言葉の感じからして憮然たる表情でこう言ったのだろう。西園寺は海外での生活が長かった。その間、同種の作品を多数目にしていたから、このような発言をしたのに違いない。

図6－1　裸体彫刻を見る人々

西園寺が懸念したとおりである。右に掲げる絵を見てもらいたい（図6－1）。これは一九〇七（明治四十）年三月三十一日付の読売新聞に掲載された展覧会を揶揄する風刺画である。この風刺画には次のような説明がつく。「先年の展覧会では裸体に腰巻をさせてゐたが、今年の美術館では油紙を着せてゐる」。文の調子から明らかに裸体画や裸体彫刻を布などで隠す姑息さをあざ笑う内容ということがわかる。実際、画面の右側で和服姿に洋傘をさす男、さらに左端で和傘をさす男、いずれもが大きな口を開けて笑っている。

加えて注目したいのは、画面中央にいる二人の人物である。やや年配の男は、彫刻に着せられた油紙の裾をちょいとめくって中を覗いている。裸体の彫像なのだろう。ニンマリとほくそ笑む下品な表情が印象的である。その左手のご婦人は表情こそ見えないものの、年配の人物よりも大胆に油紙の中を覗き込んでいる。凝視するあまり身動きが一瞬止まっているかのようである。そして両人ともそぼ降る雨など気にもならぬ様子で、隠されると見たくなるという人間の習性をいみじくも体現している。

性的関心の非対称性

生身の裸体にも同様の現象が起こるのは必至である。すでに見たように、日本人は裸体を顔の延長としてとらえていた。日常品化された裸体は性的イメージと結び付けるのは困難であった。ところが、裸体が徹底して隠されるようになると、「隠されると見たくなる」という意識が強く働く。そして、隠された裸体は、人間の肉体が本来もつ性と強く結び付く。一方、裸体を隠した側は、裸体を隠すことが常識だと考えるようになると、今度はそれを人前にさらすのが恥ずかしくなる。この感情は羞恥心に他ならない。つまり裸体を隠す結果として西洋人的な羞恥心を持つ人間が誕生する。

ジャン＝クロード・ボローニュが、羞恥心を「性的なことを行なったり考えたり、あるいはそのような事物を目撃したりした場合に人が感じる恥、困惑の感情」と定義したことはすでにふれた。一方、イギリスの批評家ハヴロック・エリスは羞恥心を「通常性的な事柄に対して向けられ、我々にそうしたことを隠すようにし向ける本能的な不安、恐れの感情」と定義する。そして「男女両性に共通した現象であるが、特に女性的なもの」と付け加える。さらにエリスの指摘する次の一文には要注目である。「このような恐れの感情を欠いている女性は、正常な平均的な男性にとって性的魅力にも欠けているのである」(4)。エリスの言う「恐れの感情」とは羞恥心に他ならない。つまり、羞恥心が欠けている女性は性的魅力にも欠ける、というのがエリスの主張である。図3－5で掲げた浴場で喧嘩する女たちに羞恥心は明らかに欠けていた。日常品としての裸体がむき出しになっている。なるほど、彼女らの裸体に性的魅力を感じるのは困難である。

では、このエリスの指摘が真だとしよう。すると、街から裸体を一掃しようとした明治政府は、同時に予期せぬことを行ったことになる。つまり、裸体を隠蔽することで、女性の性的魅力を高めてしまったのだ！　すなわち、明治政府の裸体弾圧は、セクシーな日本人女性を形成するための一大キャンペーンだったとも読み替えられる。もちろん明治政府は、この副作用を知るよしもなかったのではあるが。

女性がセクシーさを増す間、日本人男性の方はどうなったか。エリスが書くように、羞恥心は男女共通ながら特に女性に強く働く。したがって、裸体を隠したからといって、男性の性的魅力が女性ほど高まるわけではない。つまり、隠すことが女性の男性に対する性的興味を喚起する方向に働く力は弱い。ところが、裸体が隠されることで女性の性的魅力が俄然高まる中、男性の女性に対する性的興味はいやが上にも高まる。要するに、経済学の言葉を援用すると、性的興味という点で男高女低という「非対称的」な状況が生まれるわけである。これが前章の終わりで述べた「性的興味の非対称性」に他ならない。一般的に男性はエッチだと思われているが、実はこのような非対称性がその背景にあると考えてよい。この非対称性により、男性の性的興味が、隠された女性の裸体に強力に引きつけられることになる。

そして、外国人男性の好奇の眼から、江戸時代の女性が自然に裸体を隠したように、男性の露骨な好奇心は、女性をして裸体をさらに隠す方向へと走らせる。こうして、女性はますますセクシーさを身につけていくことになる。しかもこの現象が、特定の女性のみならず、普通に生活する女性一般に広がっていく。

エルベ号のヴェルナー艦長は言った。「彼等は慎み深さや、羞恥について、別種の観念をもっているからだ。この愛すべき民族を熟知するようになった者はだれでも、われわれの習慣ではひたかくしにされる自然のありのままの姿を、彼らがあからさまにあつかうことを罪悪とみなすようなことはあるまい」。ヴェルナー艦長の観察は正しかった。しかし、西洋的な羞恥心は日本人を変える。また、エミール・ギメの言葉を思い出してもらいたい。「私ははっきりと言う。羞恥心は一つの悪習である、と。日本人はそれを持っていなかった。私たちはそれを彼らに与えるのだ」。筆者は羞恥心が悪習だと断定するつもりはない。しかし、ギメが言うように、羞恥心を日本人に植えつけたのは西洋文明の複眼であり、それに大いに加担したのが明治新政府であり、後の新聞社だったのである。

現れるべくして現れた出歯亀

こうして、明治も半ばを過ぎると女性の裸体はだんだん堅く閉ざされていく。これに伴って、性的興味の非対称性が進展すると、男性の欲求を満足させるためにも、多様な形態の性風俗が生まれるのは自然な流れである。性犯罪もその流れでとらえる必要がある。中でも性的興味の非対称性の進展を象徴する性犯罪として記しておきたいのが「出歯亀事件」の発生である。

これは一九〇八（明治四十一）年三月二十二日に起こった殺人事件である。被害者は大久保に住む下谷電話局長幸田恭氏の妻女ゑん子で、彼女はその日、五十四番地にあった銭湯森山へいつものように入浴に行った。しかし、十時を過ぎても帰宅しないため家族が銭湯に問い合わせたところ、一時間ほど前に帰ったとのことである。家族は駐在所に捜索願を出すとともに、付近の人に頼んで周辺を捜索する。すると、銭湯の西南二十メートルほど向こうにある空き地に、ぬれ手拭いを口に押し込まれたゑん子が絶命していたという(5)。

この事件は紆余曲折を経て、植木職人兼トビ職人の池田亀太郎が犯人として逮捕される。銭湯覗きの常習だった亀太郎の自白によると、その日も女湯を覗いていたところ、幸田氏の妻女に眼を付けたという。彼女が銭湯から出てくるのを見計らい、その帰り道で襲い惨殺した。もっとも池田亀太郎は、自白は強制されたものとして公判では犯行を全面的に否定した。そのため、彼が真犯人だったかどうか疑問が残る事件だといわれる。判決は無期懲役だった。犯人の池田亀太郎が出っ歯だったことから、これを機に〝覗き〟のことを「出歯亀」と呼ぶようになる。

明治初期からおどろおどろしい殺人事件が多発していたことは、錦絵新聞を見るとわかる。ただ、当時の殺人事件の多くは愛憎のもつれが犯罪の端緒になっている。一方、この出歯亀事件は、まず覗き魔による犯行という、従来には見られなかった特異性をもつ。しかも、それが殺人にまで発展したため、その特異性がさらに増幅されたという側面を有している。そして見逃してはいけないのは、覗き魔による殺人の背景には、裸体を日常品として扱う社会から、裸体を徹底的に隠す社会への推移があったという点である。すでに述べたように、裸体の隠蔽が徹底してなされるにつれ、性的興味の非対称性は進展する。そうすると中には、性的興味の非対称性が突出しそれを制御できない者も出てくるであろう。

亀太郎にはすずという女房とヒサという娘がいた。一説によると女房との間は淡泊で、狭い自宅に仲間の男を同居させたこともあるという[6]。これは日常品化された女房には、性的興味の非対称性が働かなかったとも読める。しかし隠されたものはその逆で、そこに亀太郎は旺盛な性欲を感じるようになったのではないか。それを処理するため常習的に覗き行為をし、あげくのはてに殺人に手を染めてしまったとも考えられる。裸体を隠す社会が、ある意味でこうした犯罪をもたらしたと言えなくもない。

もっとも、銭湯の覗きは江戸時代にもあった。江戸の公衆浴場には二階があったと前に述べた。二階は娯楽所になっており、女中が茶菓を供した。客は男性のみである（図1－9の「江戸浴戸平面図」の男湯側だけに「二楷梯子」とあるのに注意してもらいたい）。この二階の畳に格子を切り客に女湯を覗かせた浴場があったという指摘もある[7]。また中には遠眼鏡を備え付けて貸し出しさえしたところもあったという。また、水桶は男女共用だったが、ここで口をすすぐ振りをして女湯を覗く「田舎出の侍」もいた。実は江戸時代の覗きも「見るなの座敷」との関係で説明できる。自宅に内湯のない大店の御内儀さんなどは、混浴ではなく女湯に入ることが多かった点についてはすでに述べた。当然、こうした人々の裸体は、単なるはだかではなく、やはり隠されているという理由で見たくなる。結果、「はだか」は「ハダカ」になり、覗く対象、性的興味の対象になり得たのである。

女湯を冗談半分に覗いたとしても、かつてはそうした行為に寛容であった。明治時代前半まではそんなおおらかさがあったと考えてよい。仕切りから女湯をチョイと覗いて、火事師の娘「お秋さん」に戯れ口をたたいた経師屋の職人「春さん」を思い出してもらいたい。あの「妙な時代」は明治十八年前後だった。ところが、それすら厳禁の時代となると、隠されることで女性の性的魅力が高まり、結果女性の裸体を見たくなるという男性側の欲求は、非対称的に極めて強く頭をもたげてくる。「出歯亀事件」の判決の是非はともかくとして、こうした事件が話題にのぼることこそが、むしろその時代における性的興味の非対称性が非常に大きくなっていたことを象徴的に物語っている証拠である。出歯亀は現れるべくして現れたのである。

隠せという男、見せようとする女

大正時代にはいっても裸体に対する弾圧は弱まることはなかった。しかも弾圧の先頭に立ったのは男性である。この「男性」が、幕末の時の西洋人と同様、「冷たい視線」とともに「熱い眼差し」を有している点を忘れないでおきたい。そして一方、女性はというと、弾圧が強まる中で、裸体に対する態度に微妙な変化が見られるようになる。ここではまず、当時の裸体弾圧の一例として「女学生太股事件」にふれよう。

事件と言っても、筆者が勝手にそう呼んだもので、いまから見ると取るに足らぬものである。一九二四（大正十三）年十月三十日から十一月三日の五日間、完成したばかりの明治神宮外苑競技場で行われた第一回明治神宮競技大会に、太股を露出した女学生が多数参加した。これに対して文部省が、「女らしくない風習」が作られるという理由から、各女学校に対して厳重取締の訓示を発するというのが事件のあらましである。以下、文部省の談話である。「体育の盛になつたのは誠に結構だがともすると運動競技の精神を忘れ悪い方面に脱線するのは困る。此の間明治神宮で行はれた競技大会を見ても若い女が太腿を出して走る所などは余り感心が出来ぬ。兎角女子の競技が近頃極端に流れ種々の弊害の生じてゐる事はたしかだ。然し今之を禁止するといふ事になると折角盛んになりかけた運動熱を途中で挫く事となるから、禁止などはせずに夫々注意を発して是れが指導の任にある学校当局の自覚に俟《ま》つやうにし度い[8]」。

これを報じた読売新聞ではその後、「女子競技の服装は馴れゝば問題ではない」という見出しのもと、女学生代表として人見絹枝選手の談話を掲載した（図6－2）。新聞では絹代となっているが、これは絹枝の間違いである。人見選手は後の一九二八（昭和三）年アムステルダム五輪で、八百メートル走の銀メダリストになる人物である。「私は今まで女子の服装のことより只競技をするに便利な様にとのみ考へるだけです。単に運動なら兎も角競技となればどうしても記録を上げることだけしか考へません。で少しでも、それに差し障りのある余計なものを身につけることは避けるのです。その結果男子と同じやうになるのです。幅の太いパンツをつけますと走幅跳の時など身体は跳んでゐてもパンツでバーを落してしまふこともあります。外国の写真を見ましても男子と女子との服装はさう大した差はない様ですから馴れてくれば問題は無くなるでせう（9）」。

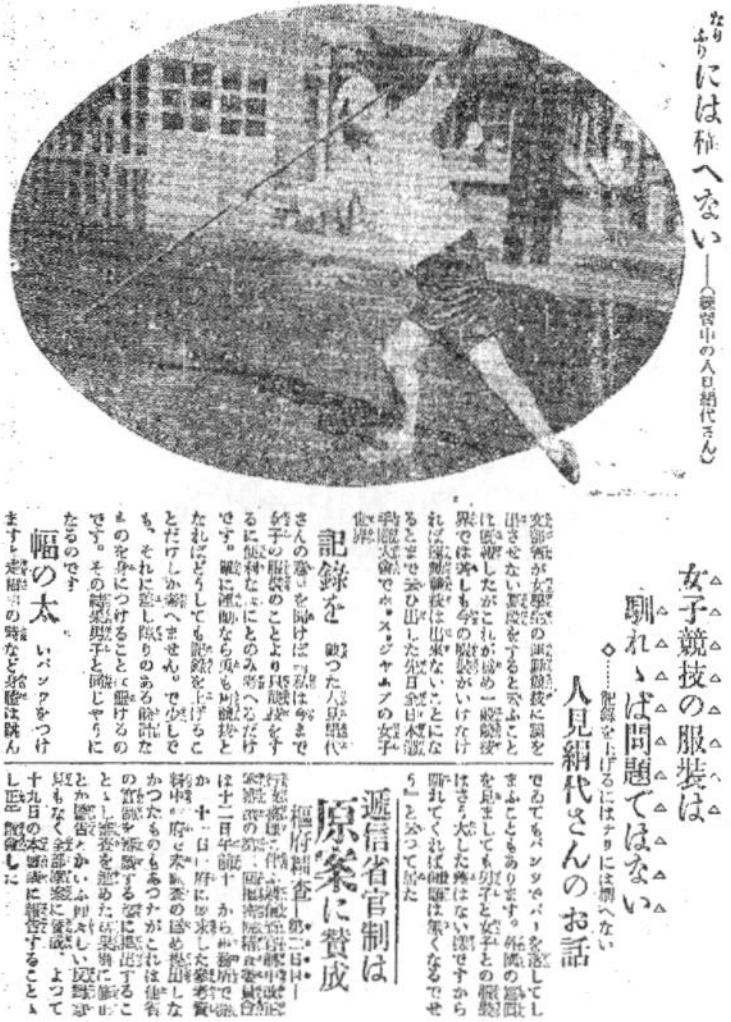

図6－2　女学生太股事件を報じる新聞

図6－3　水着をみせる女性の登場

さらに、東京朝日新聞では次のような記事が載った。「文部省のお役人は『女子の運動競技に腿を出させせぬ方法』を講ずるさうだ。かういふ人間に限つて、競技の精神を見ずして股ばかり見るのだ。既に入場の資格なし」[10]。この記事の記者は、文部省の役人がもつ「冷たい視線」の裏にある「熱い眼差し」を見事言い当てている。

このように、日常社会から女性の太股さえ締め出そうという力が強く働く一方で、女性自身が隠された裸体の価値の高まりを認識するというのも自然な流れである。そして、それを積極的に活用しようとする動きも現れる。図6－3を見てもらいたい。

これは一九二六（大正十五）年七月一日号の『漫画雑誌』に掲載されたものである。男性の熱い眼差しを意識する一般の女性を描いている。ただしその女性は相当の自意識過剰とのオチがつく。すでに大正末期頃には、一般の女性が男性の眼差しを理解し、それを戦略的に活用しようとする意識が芽生えてきていたのであろう。水浴するニンフは消え、水着を着て海水浴をする女性が現れ、水着すら極度に隠そうとする女性が生まれ、さらには水着を戦略的に活用する女が誕生する。その一方で、女性の太股の露出を心配する男がいる。日本人の裸体観は複雑度を増す。

パンツをはこうとしない女性たち

「見るなの座敷」では、男性がその禁を破って覗こうとすると、女性はさらに遠くへと去っていく。現実の社会では、隠された裸体を男性が覗こうとすると、女性はさらに強固に裸体を隠そうとする――。これは、女性の下着着用、さらにその下着を隠すという形で現実のものになる。

そもそも日本人は、現代で言うパンツをはく習慣はなかった。ましてやブフジャーをや、である。男性は褌、女性は腰巻である。ただ女性の腰巻だと、場合によってはその中が外部の視線にさらされてしまう。一八九五（明治二十八）年に出版された『ショッキング・オ・ジャポン』の中で、ビゴーは次のように語っている。「風の強い日に散歩してみたまえ。そうすれば、この日出る帝国で昇るのは『月』なのだ、ということがよくわかるだろう」。ちなみにフランスの俗語で「月」とは「お尻」を指すと、清水勲氏は解説している[11]。よって、風が吹くと日本人女性のお尻が丸見えになる、とビゴーは言っているのである。女性がパンツをはかない習慣はその後もずいぶん長く続く。その過渡期には都腰巻が流行する。これは毛糸で織った筒状のもので、前が開かない点が通常の腰巻と異なる。そのため巻くというよりもはくという感覚で、どちらかというとスカートに近いものだった。和洋折衷型の下着とも言える。

明治も過ぎて一九一九（大正八）年五月にお茶の水附属女学校が全生徒に下穿《したばき》（ズロース）の着用を強制した記事が見える。これを報じた新聞は「女学校の試みとしてはこれが恐らく嚆矢」だと記した。下穿を導入した教師は、「この下袴の事で英仏独全く穿かない者はなく同じ国でも田舎は都会より稍おろそかにされてゐます。（中略）下穿きは文化の程度に比例すると感じこの四月から早速実行し始めました[12]」と語っている。この女学校での行いは、ヨーロッパ諸国の文化度は高いと盲心し、それをそのまま真似るという意味で、かつて明治政府が行った裸体抑圧とほぼ同じ意味をもつ。違いは主体が政府か学校かということである。ただ、女学校を卒業した女性たちは、卒業すると九十数パーセントは「ノーズロ」に戻ったという。[13]ちなみにノーズロとはノーズロース、つまり下穿をはかないことで、当時実際に用いられた言葉である。現在でもノーパンと言うが、その親戚筋にあたる用語と言えよう。

パンツが普及する要因のひとつに大災害があった。たとえば一九二三（大正十二）年に起こった関東大震災もそのひとつである。関東を襲ったマグニチュード七・九の大地震は、約十五万軒の家屋を焼き、約十四万人もの死傷者・行方不明者を出した。この震災で日本人女性の和服が、逃げる時に不便な上、恥ずかしい格好をさらさざるを得ないと、改めて認識されるようになる。これが一因となって女性の洋装化を促し、着物の下にもパンツをはくべきだという主張が強まってくる。

公的機関もパンツの着用を啓発する。その先鋒に立ったのが生活改善同盟会である。同会は文部省の支援を受けて設立された組織で、居食住や社交儀礼など生活の改善と向上を目的とする。図6－4は同会が震災後に作成した宣伝物である。ここでは、「又地震があった場合　洗濯の時　大風の日　馬鹿者と貞操保護　上を通る時　電車へ乗るとき」と、はいていないと恥ずかしい場面を列挙してパンツの効用を説いている。明治政府は裸体を法律で押さえ込んだ。しかし政府も、下着の着用までは法制化できなかったのだろう。パンツをはいていないとはいえ、一応裸体は隠されているのだから。これを

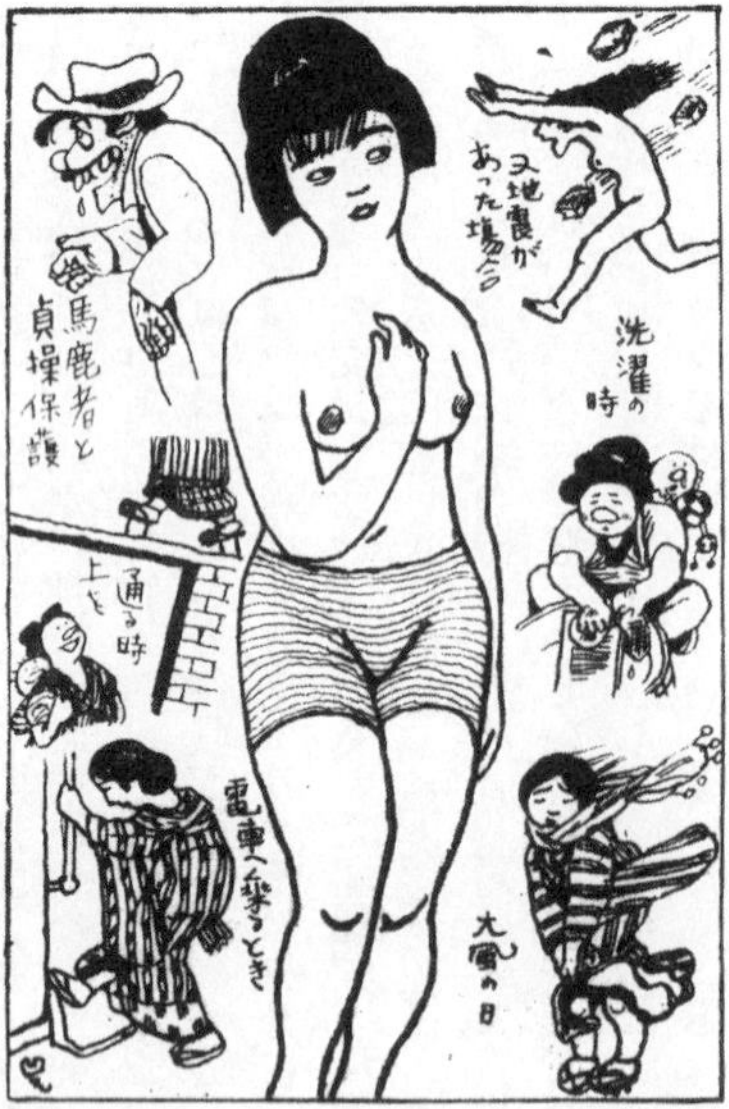

図6－4　日本全国の婦人よ、パンツをはけ

軽犯罪に問うのはあまりにも酷である。とはいえ、ビゴーのような外国人の視線もあることは事実である。よって、政府肝いりの団体を設立して、パンツ着用の啓発運動を実行した。この宣伝物はその一環として読み取れるのかもしれない。

このように政府の肝いり団体やマスコミがパンツ着用をあおるものの、当の女性自身はなかなかそれを着用しようとはしなかった。女性にパンツが不人気だった理由について風俗史家青木英夫氏は「ズロースは腰巻のような下着と違って、肌に密着するわけで、今までの和服の生活にはなかった経験である。しかも本来、局部を保護するものでありながら、女性にとってはいやな感じがしたに違いない[14]」と記す。

同様の意見は女性からも聞こえてくる。一九五〇年代に新聞記者から下着デザイナーに転身して人気を博した鴨居羊子氏の言葉である。「関東大震災が動機になって、日本ではじめてキモノの下にズロースをはくことが提唱されたときも人はなかなか素直にそれをはかなかったものです。ズロースが腰巻などと違って、マタや尻やモモにぴったりとまといつくのが、異質的な刺激であり、まごついてしまったのです。彼女たちはそれが局部を保護するものであることが分かっていながら、感覚的には、局部を冒瀆するような気がして恥ずかしがったといいます[15]」。つまり着用時の感覚のみならず、それをはくこと自体に道徳的な引け目を感じたということである。これは女性自身が女性を語る言葉だから、なかなか説得力がある。

パンツをはきだす女性たち

しかし、女性を取り巻く環境は大きく変わる。まず、女性の社会進出の拡大がある。女車掌や女工員、看護婦、マネキンガールなど、いわゆる職業婦人が増加する。そして、それに伴って制服も多くなり、服装の洋装化が進む。特にこの洋装化では「第一次世界大戦後、女性のスカートが急激に短くなった[16]」という特徴がある。となると、先の生活改善同盟会ではないけれど、恥ずかしい場面に遭遇する女性が必然的に増え、それを回避する策が練られなければならない。これはズロースをはく大きな動機付けになったであろう。

また、一九二九（昭和四）年から始まり一世を風靡した「レビュー」にも注目したい。これは踊り子が客席に向かって脚を連続して上げ下げするショーである。日本でのその嚆矢は、榎本健一（エノケン）が参加した浅草の劇団「カジノ・フォーリー」である。カジノ・フォーリーは踊り子によるレビューとコメディアンによる喜劇を披露した。レビューの踊り子たちを描いた川端康成の「浅草紅団」が前年十二月から東京朝日新聞夕刊で連載が始まっていたこともあって、レビューは一躍流行の最先端になる。ちなみに、この頃になると東京も関東大震災から復興し、モダン文化が花咲いた。レビューはその象徴とも言えよう。

このレビュー人気は女性の下着観に間接的に影響を及ぼしたようだ。男性にとって、堂々とズロースをはくレビューの踊り子達は憧れの的である。また、一般女性にとっては、ズロースをはくことが踊り子達のような素敵な女性になるためのひとつの条件のようにも思えてくる。これらも、世の女性にパンツを着用させる大きな動機付けとして働いたのではないか。

実際、一九三〇（昭和五）年頃になると、ズロースは徐々に市民権を得てきたようである。同年九月号の『猟奇画報』に掲載された黒澤はじめ氏の漫画に、ズロースを盗む男がモチーフになったものがある（図6－5）。彼女のズロースだと思って盗んだ下着が、実は母親のものだった、というオチである。この漫画について風俗史家高橋鐵氏は「こ

図6－5　下着ドロボー

のころトシマ女性もこんなものを愛用していた事がうかがえよう[17]」と記している。

また、推理小説家で日本におけるSF作家の嚆矢とも言われる海野十三が、一九三一（昭和六）年に発表した小説「省線電車の射撃手」についてもふれておきたい。この中に次のような個所がある。

電車で居眠りをしているかのような「十七八歳の美少女」が、大きく揺れた刹那にばたりと倒れて床にうつぶせに横たわってしまったときのことである。「車内の人々は、少女が居眠りから本眠りとなり、うっかり打転《うちころ》がったのだったと思った。乗客たちは、洋装のまくれあがったあたりから覗いている真白のズロースや、恐いほど真白な太股の一部に灼《や》けつくような視線を送りながら、今この少女が起きあがって、どのような魅力のある羞恥《しゅうち》をあらわすことだろうかと、期待をいだいた。だが、一同の期待を裏切って、少女はなかなか起き上ろうとしなかった。ピクリとも動かなかった(18)」。乗客の一人がこの少女を抱え上げると、衣服に鮮血がにじみ出していた——。物語の続きは実際の小説にあたってもらうとして、この物語に登場する少女はワンピースを着ていた。その裾がまくれ上がって真白のズロースをあらわにしている。

さらに、昭和の初めには新聞の家庭欄にもズロースの話題がたびたび登場する。「家庭で簡易にズロースの作り方(19)」(昭和三年)、「女児の洋服下着にシャツとズロース(20)」(昭和四年)、「腰をひやさぬ真綿入りズロース　廃物を利用して簡単に(21)」(昭和五年)などである。いずれも、ズロースの勧めとその裁縫の仕方について紹介したものである。

このように、昭和にはいって五年もたつと、ズロースをはく女性が徐々に増えてきたようである。もちろん、一夜にして日本全国でズロースの着用が始まったわけではない。我々は海水浴で、胸部を露出して泳ぐ女性もいれば水着で泳ぐ女性、その水着を恥ずかしがる女性もいるのを見てきた。ズロースの着用についても、旧い価値観と新しい価値観がせめぎ合う時期があってしかるべきである。

さらに隠される裸体

新旧のせめぎ合いはしばらく続く。一九三二（昭和七）年十二月十六日に東京日本橋の百貨店白木屋で起こった火災事故も、パンツ着用が常識化する過程の中で忘れられない事件である。この白木屋火災事故は死者十四人、重軽傷者約百三十人を出すという日本の百貨店史上初の大惨事であった。そして、事故がこれほど大きくなった原因のひとつとして、マスコミに大きく取り上げられたのがパンツ着用の有無である。

事故に巻き込まれた人々は帯や救助ロープを用いて、ビルの外壁伝いに脱出しようとした。しかし、脱出する女性の出で立ちは和服が主体でパンツは着けていない。ビルの下からは大勢の野次馬が見上げている。着物の裾がまくれ上がれば、下半身が野次馬に丸見えである。それを気にして裾の乱れを直そうとして墜落した女性が多数いたというのである。そして、この事件がきっかけになって、下半身を隠すパンツは女性にとって不可欠だと考えられ、パンツをはく女性が増えたといわれる。

パンツをはき渋っていた日本人女性がそれをつけ始めたのは、この白木屋事件が大きな契機になったと一般に語られている。しかし、青木英夫氏や、同じく風俗史家の井上章一氏は、この白木屋事件が契機になって日本人女性がパンツをはくようになったとする説には否定的な立場をとる。青木氏は「この火事があって以来、ズロースをはく人が増加してきた。といっても、せいぜい一パーセントぐらいだった」[22]と述べる。そして白木屋の火災事故から十年くらいたった一九四〇年代の初め、すなわち昭和十年代半ばにパンツ着用の認識が高まってきたと指摘する。[23]一方、井上章一氏は、初期のズロースは性器を隠すというよりも、貞操保護の道具、すなわち「一種の貞操帯として意識されていた」[24]と指摘した上で、ようやく一九三〇年代後半（昭和十年以降）から日本の女性はパンツをはく習慣が一般化したと主張する。

いずれにせよ、この白木屋の事件が起きた当時でも、ズロースをはく人はまだまだ少なかったことがうかがいしれる。そして、青木氏や井上氏に従うと、日本人にとってパンツが一般的になるのは一九三〇年代後半から四〇年代の初めのことになる。つまり少々簡略して記すと、一九三〇年代は女性がパンツに対して新旧の価値観を鋭く対立させた時代とも言えそうである。

さらに注目したいのは、同じく井上氏が指摘する次の言葉である。「彼女たちは、陰部の露出がはずかしくて、パンツをはきだしたのではない。はきだしたその後に、より強い羞恥心をいだきだした。陰部をかくすパンツが、それまでにはないはずかしさを、学習させたのだ」。そして、「性器を見られた時に感じるだろう羞恥心も、前よりふくらみだす」[25]。先の鴨居羊子氏は「局部を冒瀆するような気がして恥ずかしがつた」ため、世の女性はパンツをはくのをためらったと述べた。しかしパンツの着用という一線を越えることで、局部への冒瀆が実際となる。こうなると冒瀆されている自分に対して「それまでにはないはずかしさ」を感じるようになるのも無理はない。

パンツをはくということは、外部の視線を遮断する。意識的か否かは別にして、見ることを禁止する。これは現実に起こった「見るなの座敷」に他ならない。そして禁止したその本人が、見られることによってより大きな羞恥を感じるようになる。そういう意味で、井上氏の言葉はパンツをはき始めた女性の事情を的確に描いているのではないか。

胸部にも芽生える羞恥心

時代は前後するが、一九二九（昭和四）年頃、松岡錠一が「あちらでは大変売れている」という知人のすすめによりブラジャーとコルセットの製造を開始した。「あちら」とは、もちろんアメリカのことである。そしてこれが日本製ブラジャーおよびコルセットの嚆矢となる。[26] ブラジャーのことを乳おさえや乳カバーと呼んだ当時は、パンツすらまだ一般に普及していない時期である。また、そもそも日本人にとって人間の胸部は、下半身以上に羞恥心の対象外であった。ラグーザお玉が描いた女中のように、肌ぬぎする女性は古くから普通に見られた。また裸が仕事着であったことを思い出してもらいたい。あまりにも日常品化されていたためか、浮世絵に描かれる女性の胸部は、明らかに省略されている。そもそも特別扱いにする対象ではなかったのである。そのため、当初ブラジャーの着用は「洋行帰りの婦人と女優が中心」であり、「たまには皇族の注文[27]」がくる程度でしかなかった。日本人が和服主体だったということもあろうが、胸部に対する羞恥心が現代とは全く異なっていたと言ってよい。

このようなブラジャーが注目されるようになるのは第二次世界大戦後になってからのことである。明治維新期と同様、西洋文化が一気に流入するこの時代、女性をファッションに開眼させせないではおかない。そして、流行のファッションを身につけるには、洋装の下着がどうしても欠かせなくなる。当然ブラジャーもそのアイテムのひとつである。このようにブラジャーが、胸部を隠すというよりも、ファッションの一環として取り入れられていく過程は要注目である。

もともと女性が裸体を隠したのは、外国人の好奇の眼差しを回避するためだった。その後は政府による裸体禁止令により強制的に隠された。さらにパンツをはくようになったのは不意の陰部の露出が原因のひとつとしてあった。これらはいずれも、外的要因が女性に裸体を隠させる方向に働いた。女性は常に受け身であった。ところがブラジャーの場合、自分を美しく見せるためという能動的要因に負うところが大きい。こうして女性は自らの選択として胸部を隠すようになる。

一九五六（昭和三十一）年八月十二日号の『サンデー毎日』に、「銀座娘をハダカにする」という記事が載った。この中で、東京T温泉で実地調査された女性の下着着用に関するデータが掲載されている。これによると、ブラジャーの着用率は百人中二十九人で、ほぼ全体の三分の一だと報告している。さらに、「案外お若い方がつけていらっしゃらないのですよ。御自分のバストに自信がそんなにおありなのかしら」とレポーターは評している。[28] レポーターが指摘するように、ブラジャーはあくまでも美しく見せるためのツールなのである。そして、右の調査に従うと、ブラジャーがさらに一般に普及するのは一九五〇年代後半ということになろう。

しかし、女性が一旦胸部にブラジャーをつけると、単に美しく見せるだけではなく、それとは別の副次効果が現れる。先の井上章一氏の言葉を応用すると、「ブラジャーをつけだしたその後に、女性は胸部により強い羞恥心をいだくようになった」と言える。こうして、従来は羞恥心の対象外だった女性の胸部が質的に変化する。昭和三十年代には普通に見られた、街頭で母乳をやる女性たちも、授乳室の中に隠れるようになる。今やインターネットで「授乳室」と検索すると、駅周辺の授乳室マップが一覧になる時代である。そしてその非対称性効果として、男性が女性の胸部に対して抱く欲望はいやが上にも高まる。

鑑賞の対象となる下着

女性たちが下着をつけることでより強い羞恥を感じるようになると、男女における性的興味の非対称性はますます進展することになる。そしてそれは、女性の隠された裸体、すなわち「見るなの座敷」を覗きたいという気持ちをいたく刺激するばかりか、その座敷を隠す下着自体にも関心が高まる。

先に掲げた海野十三の小説を思い出してもらいたい。乗客の視線が美少女の「真白のズロース」や「恐いほど真白な太股」に釘付けになった。そして乗客は、このような姿態を公衆の面前にさらした女性が、どのような「羞恥をあらわす」のかを期待するのである。明らかに、真白なズロースが、真白な太股同様、性的関心の対象になっているのがわかる。同じく、『猟奇画報』に掲載された黒澤はじめ氏のマンガでも、彼氏は彼女のズロースに大きな興味を抱いていたことも思い出されよう。

また、脚を大きく上げて踊るレビューが人気を博したことはすでにふれた。その後、だんだん大胆になる踊りは、やがて警察の目に止まる。そして、一九三〇（昭和五）年に「エロ演芸取締規則」が設けられ、演劇や演芸における所作や服装などについて規制されるようになる。この中に、「ヅロースはまた下二寸未満のもの及び肉色のものはこれを禁ず」[29]というものがある。短いズロースは、男性の性的関心をいたく刺激するものとしてとらえられたのだろう。さらに、一九三二（昭和七）年には、浅草のレビュー劇場でダンサーのズロースが盗まれるという事件が起きて新聞沙汰になっている。[30]これも下着に対する興味が高まっていた証拠のひとつと言えよう。

これらの例からも、パンツの着用が広く普及する以前の一九三〇（昭和五）年頃には、裸体を隠す下着が、すでに性的関心の対象になっているのがわかる。我々はすでに性的関心の非対称性が、女性の裸体をさらに隠すという事情について見てきた。こうして、これと同じ原理が女性の下着にも働くことになる。

そもそも、女性はパンツの露出にそれほど羞恥を感じなかった。「近頃の『淑女』が腰を掛けているところを見ると、男女同権とばかり、男同様に股を開いている人が多い。シユミーズから腿の肉、ズロースまで覗かせているのである」。こう書くのは先にもふれた高橋鐵氏である。さらに「これは戦時中、モンぺやズボンを穿きつけたせいか、さかんは『二重にズロースをはいているから大丈夫よ』とでもいう心理か……何しろ、或に『陽の目』をみせているのは、妙な露出症である」[31]と分析する。高橋氏がこの文章を載せた『裸の美学』を刊行したのは一九五〇（昭和二十五）年である。戦後五年たってもまだこのような状況である。

しかし男性の熱い眼差しは、この無防備な下着に注がれる。そしてそこに性的興味を覚える。これは外国人が公衆浴場に乱入して裸体に注いだ好奇の眼差しと質的に同様のものといえる。この熱い眼差しに気づいた女性はどうするか。外国人の無遠慮な眼差しから裸体を隠したように、今度は下着を隠そうとする。まさに自然な成り行きである。そして下着が隠されるようになると、男性の性的関心と下着との結びつきはさらに強まっていく。

手段化する女性の下着

しかも下着は単に隠されるばかりではなかった。男性の性的関心を促進するツールとして下着を活用すべし、と主張する女性も現れる。こう提唱したのは、先にもふれた下着デザイナー鴨居羊子氏である。鴨居氏は一九五八（昭和三十三）年出版の著書『下着ぶんか論』の中で、従来の女性の下着は「男の欲望を満たすために作られた女の衣服」[32]ととらえた。その代表が女性の肉体を矯正するコルセットである。しかし、いまや女性の地位は封建時代の頃とは違う。よって、男性優位の考え方から女性は解放されるべきであり、そのために女性はあふれんばかりの教養と、あふれるような女らしさを兼備することが欠かせなくなる、というのが彼女の考えである。そして、それを実現するには「一ばん身近にある下着に近代的な下着観をもつこと」が欠かせないと言う。

たとえば、下着の色は白といった下着に対する古い固定観念は、切って捨てるべきだと言う。そして、カラフルで大胆なデザインをもつ下着を、世の女性はもっと勇気を出して着用すべきだと主張し、そうした下着を戦略的に活用することを提案する。「女性の下着姿――それは適度につつみかくされ、適度に露出され〝つつみかくすこと、ひけらかすこと〟の美しいバランスを見せています。しかもつつみかくすのは肉体や下着を人目から遠ざけるのではなく逆にみせびらかすためにそうするのです。下着にはこのたいへん洗練された形が巧妙に仕組まれているのです」。

このような提言が第二次世界大戦終了後十数年でなされるわけである。もちろん当時の女性が全て鴨居氏の意見に触発されたわけではない。とはいえ、現代の女性の多くは、無意識のうちに彼女の主張を実践しているのかもしれない。最近街頭でよく見かける下着を見せる女性がそれである。

先に見たように戦後の女性は、下着を見られることに対して無関心だった。一方、現代の女性が下着を見られることによって抱く羞恥心は、戦後の女性の比ではないだろう。なのに彼女たちの間で下着を見せることが流行っている。ただし、彼女たちが見せるのは下着のごく一部でありその全部ではないことに注意が必要である。これは、隠すことを前提にその一部を見せて男性の熱い眼差しを管理しているとも言える。鴨居氏は、「肉体の魅力を堂々と発揮すれば、異性に優位に立ち向かえることを頭の先の知識ではなく肉体で理解しはじめた人は、その効果的な手段を下着に求めるのです。〃いいえ、私はそういうことをしない〃というのは偽善とおていさいです」と宣言する。現代の女性は、鴨居羊子氏による五十年前のこの主張を大いに実践しているかのように見える。

五重に隠された女性の裸体

とはいえ、女性が下着を適度に包み隠し、適度に露出できるのは、下着は隠すものだという社会的了解があって初めて成立する。よって、下着の一部を見せる女性の行為も、現代社会が下着を隠す社会だからこそ成立するのである。そして、下着を隠す習慣が生まれることで、女性は裸体を五重に隠すようになった。

最初の契機は、幕末に日本にやって来た外国人の「ホンネの眼差し」である。これから逃れるべく彼女たちは裸体を隠した。また、外国人の「タテマエの視線」に配慮した政府は、混浴はもとより街頭から裸体を排除する。こうして女性の裸体は二重の拘束を受けることになる。さらに、ここへパンツをはく習慣が加わることで、女性の裸体は三重に遮断される。加えて、ほとんど性的対象外であった胸部が隠されることで女性の裸体は四重に隠蔽される。さらに、その下着までをも隠す習慣が一般化した。ここに女性の裸体は外部から五重に隠される。この五重の隠蔽を継承するのが現代である。

裸体を隠す女性は、男性にも大きな影響を与えた。それは性的興味の非対称性に及ぼす影響だけではない。女性の裸体の隠蔽が強まるにしたがって、彼女たちは無作法に裸体をさらす男性を嫌悪するようになる。この意識は女性が裸体を隠すほど強まっていく。こうなると当初は不感症だった男性も、やがて女性のそうした眼差しに気がつく。こうして男性も、法的な規制からばかりではなく、自発的に裸体や下着を隠そうとする意識が強くなる。胸部を隠す男性は一般的ではないので、男性の場合、その裸体は四重に隠されていると言うべきか。いまや身繕いに入念な男性や「腰巻き男子」が存在するが、これも当然の帰結と言えよう。

現代人は、自身の裸体を四重にも五重にも隠蔽することを、あまりにも当然として受けとめている。こうした常識の中で、よもや一般的な公衆浴場で異性の裸体にお目にかかれると誰が想像するであろうか。そしてこの物の見方が、ヴィルヘルム・ハイネの下田公衆浴場図を見た時に感じた奇妙な落差、ズレの背景にあるものと考えて間違いない。もはや水浴するニンフなど神話にしか過ぎないのである。

そしてかつての裸体観が神話になったいま、裸を隠すという規律は現代社会では極めて厳格に守られている。二〇〇九（平成二十一）年、著名な男性タレントが真夜中の公園で全裸になり、現行犯逮捕されるという事件が起こった。そのタレントは逮捕される際に、「裸で何が悪い」と警官に詰め寄ったという。これに対して、警官がどう答えたのか筆者は知らないが、彼の素朴な問いは、実は裸体を隠す社会の根底に鋭く突き刺さるものである。しかし、社会が裸体を隠す方向に大きく舵をきって百五十年、もはやその根幹は彼の一言だけでは揺るがない。規則違反には厳格な罰が科せられた。

まず、事件がメディアで大々的に取り上げられたのは当然である。さらに同タレントに関連する多方面に大きな波紋が広がる。収録済みの番組では、そのタレントが映っていないカットを編集し直して放送する。また、同タレントはイメージ・キャラクターとして多数のCMに出演していた。事件後、いずれのスポンサーもCM放送を見合わせるコメントを速やかに発表する。当然違約金の問題も浮上した。また、スポンサーの中には、同タレントが地上デジタル放送のイメージ・キャラクターになっていたことから、社団法人デジタル放送推進協会と管轄省庁である総務省も含まれていた。CMは全面中止され、地デジのイメージ・キャラクターも降板の方向で調整される。そのような中、ときの総務大臣は同タレントを「最低の人間」とまでこきおろすコメントを発表する。

この言葉は後に撤回された。とはいえ、百五十年前の日本では、混浴の公衆浴場が当たり前だった時代には、裸体のまま家に帰る姿は日常的に見られた。それがいまや裸体をさらせば「最低の人間」呼ばわりである。この言葉は、幕末や明治初期に来日した外国人が、「タテマエの視線」で日本人を非難した言葉に通じる。現代社会のルール上、公衆の面前で裸体をさらしてはいけない。しかし、かつて日本人がおおらかな裸体観をもっていた事実をふまえて考えると、裸体を徹底的に隠す日本社会も、行き着くところまで来た感がする。

終章　裸体隠蔽の限界

裸体隠蔽の多様な副作用

明治政府は、副作用を考えずに街から「はだか」を一掃することで、女性の性的魅力を高めてしまったと先に書いた。しかしこれは、多様な副作用のひとつにしか過ぎない。

街頭から裸が強制的に排除された時、裸が逃げ込む場所はひとつしかない。自身の住まいである。さらに変遷する裸体観は、家族の中でもむやみに裸体をさらすことを規制する。結果、プライベートな空間、すなわち自室やトイレ、浴室などでしか人は裸体をあらわにしなくなる。したがって住まいは、外部からばかりか内部でも極度に遮蔽された構造とならざるを得ない。

ここで思い出されるのが江戸の家屋である。スエンソンは「日本人の家庭生活はほとんどいつでも戸を広げたまま」と言ったし、リンダウは「どこかの家の前で朝から晩まで立ちつくしていれば、その中に住んでいる家族の暮らしぶりを正確につかむことができる」と評した。今からは想像しがたい家屋だが、この対極に現在の我々の住まいがあるのだ。

　歴史学者牧原憲夫氏は、昔の家屋について「庶民にとって家の内と外は画然とは分化しておらず、路地は土間の延長でしかなかった」という。そして裸体を取り締まるということは、「家屋と路地が渾然一体だった地域社会から、路上を〝公共〟の空間として剝離すること」と指摘する。さらに、「道路はもはや住民のものではなく、〝私生活〟はしだいに家のなかに閉じこめられていく[1]」。これも裸体を極度に隠したひとつの副作用と考えてよい。

　また、外部から遮蔽された住まいは、プライバシーを高度に守る構造ともいえる。これは、プライバシー保護に対する意識を高める方向に作用する。そういう意味で、裸体の隠蔽とプライバシーの高まりは、実は表裏の現象、相関関係にあると言えよう。裸体がプライベートな空間に押しやられ、プライバシー意識が高まるということは、人が個を強く意識することをも意味する。個と社会の関係があいまいな社会では、ことさら個について考える必要はないだろう。しかし、個が社会から切り離されてしまうと、人は一旦個を見つめ直した上で再度社会との関係を築かなければならない。なぜなら、他の人々との関係なしに人間は社会生活ができないからである。その際に、人は個としての存在を社会に提示し、その上で社会から認めてもらう必要がある。そして、個が社会により適切に承認されるとき、その人は自己実現できる。

しかし、誰もが自分の思い描いたイメージどおりに、社会から承認されるとは限らない。多かれ少なかれ不調和が生じる。人はそのギャップの中で悩み苦しむ。これをバネにして不調和を解消しようと意気込む人もいるだろうが、相克の前に深い挫折を味わう人もいよう。仮に大きな挫折を経験したとしても、一神教に支えられる民族はまだ救われるのかもしれない。すがれる絶対神がいるからである。しかし、そうした寄る辺をもたない民族はそうもいかない。おそらく日本人もその仲間だろう。社会関係の放棄や匿名による攻撃、投げやりな犯罪なども、すがれるもののない寂しさの現れなのだろうか。これらの遠因にも、裸体の隠蔽があるように思えてならない。

裸体を隠す社会の限界

また、裸体の隠蔽が限界にきているのも現代社会の特徴である。第二次世界大戦中に、裸体が徹底的に隠蔽されたことは想像に難くない。裸体や裸体と結び付くセックスは厳しく抑圧された。一方、終戦を迎えると、頂点に達していた圧迫は急速に和らぐことになる。この時点で起こった象徴的な出来事が「額縁ショー」である。一九四七（昭和二十二）年、東京新宿の帝都座で、女優甲斐美晴が額縁の中でヌードを披露した。これが爆発的な人気を呼び、額縁ショーという言葉はいまだ語り継がれている。

額縁を通してヌードを披露したのは、当局の手入れがあった場合、芸術作品と言い逃れるためであろう。しかし、この額縁にはもっと象徴的な意味がある。この額縁は、いままで厳重に隠されていたものに生じた一個の亀裂であった。この亀裂から抑圧されていた裸体がまさに姿を現したのである。そして、蟻の一穴から千丈の堤も崩れると言われるように、新たな亀裂が次々と現れる。それは映画であり、テレビであり、雑誌であり、漫画本であった。これらの亀裂を通して、抑圧されていた裸体があちこちから顔を出し、日常社会に押し寄せてきたのである。

そして、いまやインターネットの普及により、亀裂は日常社会と同等のサイズに広がった。もはや本来隠されるべき裸体はクリックひとつで画面に表示できる。こうした現実を前に、我々大人は、子供達からいわゆる「有害」なサイトを遠ざけるため頭を悩ませている。もちろんそのまま放置していたら、明治の初めから延々と築いてきた裸体を隠す社会の根幹を揺るがしかねないからである。

このような中、少々注目すべき変化がある。混浴の復活である。といっても日本での話ではない。ドイツやオーストリアでの話である。これらの国ではサウナでの混浴はいまや常識になっている。しかもタオルなど巻かない。タオルは床の上に敷いて自分の汗で濡らさぬようにするのが礼儀である。フランス文学者大矢タカヤス氏は、かれこれ三十年以上前に経験した次のようなエピソードを語っている。一九七四（昭和四十九）年のこと、同氏がパリ大学のスキーツアーでオーストリアのインスブルックに二週間滞在したときの話である。室内プールで泳いだ氏は、併設されているサウナへ入る。すると狭いサウナの中は皆一糸まとわぬ姿である。しかも一緒にスキーを滑っていたあの可愛い娘が隣に座っていたという。そして皆、いつも通り他愛ない話をした。この時、大矢氏は、「股間を隠している人間の方が異様に感じられるほどの雰囲気で、一瞬水着などを持って来たのを悔いた」(2)と述懐している。

また近年のものでは、日本経済新聞の桜庭薫記者が、二〇〇七（平成十九）年五月十九日に同紙のコラム「ところ変われば」に掲載した記事がある。このコラムは世界各地の習慣を現地特派員が伝えるもので現在も続いている。桜庭記者は「驚くなかれ、ドイツ、オーストリア、スイスのドイツ語文化圏では全裸の混浴が一般的だ」と書く。「ある日本人外交官はドイツ赴任時に友人宅に招かれ、食事後、『うちの娘たちとサウナにでも入っていって下さい』と言われ、耳を疑った」。しかし、「男女別が定着している日本人には違和感が大きいが、老若男女が一緒に自然に振る舞う習慣になれると、文字通り身も心も解放された気分になる」(3)と、桜庭記者は報告している。

同様の報告はウェブ上にも多数見られる。もっとも、こうした混浴サウナの動きは決して世界的に広がりつつあるわけではない。ただ、この小さな動きに意味を見出すとすれば、裸体を隠す社会の限界をいち早く察知した脳が、行き過ぎた裸体の隠蔽を和らげるために、混浴を復活させたのではないかという気がする。本書で何度も援用した脳化社会論を前提にすると、このような結論が得られる。

個を修復する空間

式亭三馬は『浮世風呂』の冒頭で、銭湯ほど人の道を教える近道はないと語る。そして、その理由を次のように説明した。

> 賢愚邪正貧福高貴、湯を浴んとて裸形《はだか》になるは、天地自然の道理。釈迦も孔子も於三も権助（筆者注：下女も下男）も、産れたまゝの容《すがた》にて、惜い欲いも西の海、さらりと無欲の形なり。欲垢と梵悩と洗清めて浄湯を浴れば、旦那さまも折助も孰《どれ》が孰やら一般《おなじ》裸体《はだかみ》。是乃ち生れた時の産湯から死だ時の葬灌《ゆかん》にて、暮に紅顔の酔客も朝湯に醒的《しらふ》となるが如く、生死一重が嗚呼まゝならぬ哉。されば仏嫌の老人も風呂へ入れば吾《われ》しらず念仏をまうし、色好の壮夫《わかいもの》も裸になれば前をおさえて己から恥を知り、猛き武士の頸《あたま》から湯をかけられても、人込じやと堪忍をまもり、目に見えぬ鬼神を隻腕《かたうで》に雕《ゑり》たる侠客《ちうつぱら》も、御免なさいと石榴口に屈むは銭湯の徳ならずや。(4)

賢愚邪正であろうと貧福高貴であろうと、湯を浴びるために裸になるのは天地自然の道理である。風呂に入れば誰もが裸、無欲の姿であり、欲垢と梵悩を洗い清めれば、生まれた時の産湯と死体を清める湯灌みたいなもので、酒酔いも朝風呂で醒めるように、生死一重を改めて実感できる。これにより、仏嫌いも念仏を唱え、若者も恥を知り、武士も堪忍を守り、任俠も頭を低くする。みな銭湯のおかげではないか。三馬はこのように語る。

中でも、「湯を浴んとて裸形になるは、天地自然の道理」に注目してもらいたい。そもそも日本人と裸体の間には、古くから信仰との深い結びつきがあった。民族学者和田正平氏は、裸になるということは「一から出直すということで、『みそぎ』にも通ずる」と指摘している。そして「禊を終えた身体は生まれたままの清浄無垢であり、その一切の汚れをかなぐり捨てた裸体は精進潔斎の極限をあらわす姿である(5)」という。

本書で見てきたように、かつてはこの裸体になるということが極めて身近かつオープンに行われていた。たとえば、フランス人ギュスターヴ・グダローが横浜から新潟へ旅している途上、湯原温泉近くの小日向村の共同浴場で体験したことを思い出したい。グダローはその共同浴場で、村のあらゆる年代の男女四十人前後と一緒に湯につかった。彼らはグダローのことなど全く意に介さず、それぞれ家族のように振る舞い、くつろいでいる。そこに釈迦や孔子、男や女、貧富に貴賤、日本人や外国人の違いはない。人はそこで没我の状態になる。

我々は社会との多様なつながりから自分自身の存在を再確認する。しかしそれは想像以上に厳しくストレスのたまる作業である。これに疲れた時、我々は無性に湯につかりたくなる。これは近年癒やしとも呼ばれる。しかし果たして我々は、物理的に湯につかってストレスを解消しようとしているのだろうか。もちろんそれもあろう。しかしそれにも増して、はだかになることで傷ついた個を修復し、「一から出直す」ことで、再度社会との関係を構築しようとしているのではないか。これもある意味、死と再生の儀式である。

幕末以降にその多くを失ってしまった本当にはだかになれる環境こそ、いまの社会には不可欠なのであろう。それは混浴サウナかもしれないし、そうでないかもしれない。

おわりに

サーチエンジンに「混浴　サウナ」と入力してもらいたい。終章で紹介した混浴サウナの体験をした人々のブログなどが一覧になるはずである。

いくつか読んでみると、体験者には女性が多いようで、これは旅行者に女性が多いことに起因するのであろうか。

一方、書いてある内容はというと、特異な経験をした驚きをなるべくショッキングに伝えようとしている点が目立つ。こうした記事の影響を受けて、混浴サウナ体験に出掛ける人もきっと出てくるに違いない。

しかし、百五十年前には混浴を珍しがられていた日本人が、いまや混浴サウナに驚いているのだから、これもまた奇妙な話である。

また、ブログの書き手が、体験をなるべく誇張しようとする点にも考えさせられる。

百五十年前に日本にやって来て混浴の公衆浴場を見た外国人も同様ではなかったか、と。国元に帰った彼らも、日本の習慣であった混浴を、ことのほか大袈裟にしゃべったのではないだろうか。中には、公衆浴場で淫らな行いが日常的に行われていると、まことしやかに語った人物もいたかもしれない。それを聞いて日本にやって来た外国人が、公衆浴場見物に出掛けないはずはなかろう。

一方、筆者が本書で語ったことは、決して誇張したものではない。あくまでも、ヴィルヘルム・ハイネの「下田公衆浴場図」を出発点に、この百五十年間における日本人の裸体観の変遷を、出来る限りリアリティある資料をふんだんに利用しながら語ったつもりである。

そして、もし本書を読んで、江戸時代の公衆浴場に出掛けてみたくなったという読者がいたならば、「大阪市立住まいのミュージアム・大阪くらしの今昔館」を訪ねられたい。こちらには、石榴口をもつ江戸時代の公衆浴場が原寸大で再現されている。再現のベースになっているのは、本書で繰り返し紹介した『守貞謾稿』に掲載してある上方様式の石榴口や平面図である。石榴口や浴槽はもちろん、傾斜した床などもリアルに再現されている。湯にはつかれないけれど、当時の雰囲気を存分に楽しめる。

もともと本書は、日本における混浴について書こうと思い、二〇〇七年春から取材を始めたものである。その後、混浴よりもむしろ裸体観の変遷に興味が移り、紆余曲折を経て今回の本になった。
取材や資料の提供でお世話になった、下田郷士史家土橋一徳氏、下田開国博物館芳野才利氏、尾形征己氏、神戸大学名誉教授小野厚夫氏、龍谷大学元教授押田栄一氏、国立民族学博物館元客員教授吉井正彦氏、神戸学院大学教授松田裕之氏に厚くお礼を申し上げたい。

神戸元町にて筆者記す

二〇一〇年三月

文庫版あとがき

新潮選書の一冊として『裸はいつから恥ずかしくなったか』が出たのは二〇一〇年のことである。この本が今回、ちくま文庫に加わることになった。書き手としてはまことに有り難いことである。

思い起こすと、そもそも本書を書くきっかけとなったのは二〇〇四年にさかのぼる。当時私は、ペリーが横浜の地で挙行した本邦初の大規模電信デモンストレーションについて調べていた。その関係で『ペリー艦隊日本遠征記』にあたる必要があり、その際にハイネの描く「下田の公衆浴場」を初めて目にしたのである。

当時の私は、「いくら幕末の日本とはいえ、このような公衆浴場があったとは到底考えられない」と即断したものだ。そのためこの図の真偽についてすぐさま調べはしなかった。しかし頭の片隅に何か腑に落ちないものがあったのだろう。悠長な話ではあるが、それから三年ほど経って、幕末の公衆浴場が下田公衆浴場図に描かれた通りだったのかを確かめたくなった。その結果出来上がったのが本書である。

出版後は新聞や雑誌の書評に掲載されたので反響はまずまずだったのだろう。また偶然本書を書店で手に取られた俳優の武田鉄矢さんが、当時司会を務めていたCSテレビの番組「武田鉄矢の週刊鉄学」に呼んでくださったのは今や懐かしい思い出である。

ところで、今回、再度校正するにあたり、当時収集した書籍や資料に再度目を通した。その際に感じたのが当時と現在の執筆環境の違いである。

当時の私はコピーした資料をキング・ジムのファイルに綴じていた。また資料が大量なため、綴じっぱなしではどこにどの資料があるのかわからない。ためにタック・インデックスに資料名を書いて、それぞれの資料に貼り付けていた。こうすれば目的の資料に素早くアクセスできる。たとえば、第5章で黒田清輝の裸体画論争の話をしたが、その関連の新聞記事にもこのファイルやインデックスのお陰で早々にたどり着けた。

一方、現在の私はもはやキング・ジムのファイルを使わない。紙の資料はPDFにして執筆した書籍ごとフォルダーにまとめている。また、PDF化した紙の資料から引用などをした場合、マイクロソフト社のワープロソフト「ワード」の索引とハイパーリンク機能を使って、該当ファイルに即座にアクセスできるようにしている。いまや重たいファイルを開いて目的の資料を目指す作業はほぼなくなったわけである（もちろん引用元の書籍に関してはその限りでない)。

また、原稿やPDFはクラウドのストレージと同期しているので、愛用のMacに何かトラブルがあっても大事なファイルは安全だ。さらに、書籍のデジタル化が進み、古い書籍をネット上で参照できるケースが拡大したのも当時と大きく違う点だろう。加えて、今回の校正ではiPadに入っている「グッドノーツ」というアプリで、PDFにダイレクトでアカ字を入れた点も、当時とはまるで異なる。

このようにわずか六年ほどで、これほど執筆環境が変わるのだから、いやはや驚くべきことだ。そのスピードは、日本人の裸体観の変化に比べると数十倍速い、と言わざるを得ない。

末筆ながら、本書が文庫になったのは筑摩書房の髙橋淳一氏のお陰である。企画決定から出版まで、執筆環境の変化よりもこれまた数十倍速いスピードで作業してくださった髙橋氏に、この場を借りて厚くお礼を申し上げたい。

二〇一六年三月

神戸元町にて筆者識す

注

序章

（１）厳密には嘉永七年。嘉永七年は旧暦の十一月二十六日まで。翌二十七日より元号が「安政」に変わる。

（２）Francis L. Hawks "Narrative of the Expedition of an American Squadron to the China Seas and Japan" (1856, A. O. P. Nicholson)

（３）グスターフ・シュピース『シュピースのプロシア日本遠征記』（１９３４、奥川書房）口絵

第1章

（１）サミュエル・ウィリアムズ『ペリー日本遠征随行記』（１９７０、雄松堂書店）Ｐ２７３

（２）J. Willett Spalding "The Japan Expedition; Japan and Around the World" (1855, Redfield) Ｐ２７３～２７４

（３）Hawks、前掲書Ｐ４０５

（４）Spalding、前掲書Ｐ２７４

（５）ウィリアムズ、前掲書Ｐ３０３

（６）このような疑問は、風俗史家中野栄三氏が著書『入浴・銭湯の歴史』（１９９４、雄山閣）P80ですでに指摘している。

（７）Alexander Wylly Habersham "My Last Cruise; Or, Where We Went and What We Saw" (1857, J. B. Lippincott & Co.) Ｐ２４１

（８）James D. Johnston "China and Japan" (1861, Cushings & Bailey) Ｐ１３９

（９）小野寺玲子／毎日新聞社企画事業部編『ヴィクトリアン・ヌード』（２００３、毎日新聞社）Ｐ16

（10）ジョルジュ・ヴィガレロ『清潔になる〈私〉』（１９９４、同文舘出版）Ｐ13

（11）ハンス・ペーター・デュル『裸体とはじらいの文化史』（１９９０、法政大学出版局）Ｐ４１３

（12）バジル・ホール・チェンバレン『日本事物誌（１）』（１９６９、東洋文庫）Ｐ61

(13) ジュリア・クセルゴン『自由・平等・清潔』(1992、河出書房新社) P27
(14) 同書P134、142
(15) タウンゼント・ハリス『ハリス日本滞在記(中)』(1954、岩波書店) P95
(16) ポンペ・ファン・メールデルフォールト『ポンペ日本滞在見聞記』(1968、雄松堂書店) P305
(17) ヴィルヘルム・ハイネ『ハイネ世界周航日本への旅』(1983、雄松堂出版) P133
(18) 鹿島卯女編『明治の夜明け　クルト・ネットーのスケッチより』(1974、鹿島研究所出版会) P70
(19) ハイネ、前掲書P132
(20) 同書P133
(21) 「柘榴口」とも表記する。本書では『守貞謾稿』の表記に従って「石榴口」にした。
(22) 以上の現代語訳は神保五弥『浮世風呂』(1977、毎日新聞社) による。P192〜193
(23) 式亭三馬『新日本古典文学大系86』(1989、岩波書店) P440
(24) 神保五弥、前掲書P196〜197
(25) 寺門静軒『江戸繁昌記1』(1974、東洋文庫) P218
(26) 篠田鉱造『明治百話』(1969、角川選書) P202
(27) 林美一『季刊江戸春秋9　夏の巻』(1978、未刊江戸文学刊行会) P53
(28) ハイネ、前掲書P133

第2章
(1) 寺門静軒、前掲書P234
(2) 同書P219
(3) 中井信彦他『都市の生活文化(寛政の混浴禁止令をめぐって)』(1993、吉川弘文館) P171
(4) 藤沢衛彦『変態浴場史』(1927、文芸資料研究会) P57
(5) 喜田川守貞『類聚近世風俗志(守貞謾稿)』(1908、東京出版同志会) P208
(6) 同書P199
(7) J.M.W. Silver "Sketches of Japanese

Manners and Customs"（1867, Day & Son Limited）P47
（8）吉田光邦『両洋の眼』（１９７８、朝日新聞社）P１１３
（9）ローレンス・オリファント『エルギン卿遣日使節録』（１９６８、雄松堂書店）P１２２
（10）喜田川守貞、前掲書P２０４
（11）オリファント、前掲書P１２２
（12）エーメ・アンベール『アンベール幕末日本図絵（下）』（１９７０、雄松堂書店）P１０９
（13）同書P１１０
（14）同書P１１０
（15）同書、月報P６
（16）『オイレンブルク日本遠征記（上）』（１９６９、雄松堂書店）P１９６
（17）フリードリヒ・ツー・オイレンブルク『第一回独逸遣日使節日本滞在記』（１９４０、刀江書院）P１４２
（18）リュドヴィック・ド・ボーヴォワール『ジャポン１８６７年』（１９８４、有隣新書）P30
（19）同書P１３２〜１３３
（20）『富士屋ホテル八十年史』（１９５８、富士屋ホテル株式会社）P４
（21）ルドルフ・リンダウ『スイス領事の見た幕末日本』（１９８６、新人物往来社）P２３１。訳者森本英夫氏の解説による。
（22）エドゥアルド・スエンソン『江戸幕末滞在記』（１９８９、新人物往来社）P93
（23）横浜開港資料館編『ホームズ船長の冒険』（１９９３、有隣堂）P30
（24）ポンペ、前掲書P３０６
（25）オーグスト・リュードルフ『グレタ号日本通商記』（１９８４、雄松堂出版）P１０１
（26）John M. Tronson "Personal Narrative of a Voyage to Japan, Kamtschatka, Siberia, Tartary, and Various Parts of Coast of China"（1859, Smith, Elder & Co.）P２５６〜２５７
（27）Henry Arthur Tilley "Japan, the Amoor, and the Pacific"（1861, Smith, Elder & Co.）P１１８

(28) 石田魚門『方今大阪繁昌記（初編）』（1876、宝文堂）P21
(29) ルイ・フランソワ・モーリス・デュバール『おはなさんの恋』（1991、有隣新書）P141〜143
(30) 澤本健三編『伯爵田中青山』（1929、田中伯伝記刊行会）P1050
(31) 『広辞苑第五版』（1998、岩波書店）P2735
(32) 司馬遼太郎『竜馬がゆく　立志篇』（1963、文藝春秋）P9〜10
(33) 澤本健三編、前掲書P1051
(34) 喜田川守貞、前掲書P200
(35) 中西道子『モースのスケッチブック』（2002、雄松堂出版）、P235
(36) エドワード・モース『日本その日その日（1）』（1970、東洋文庫）P86
(37) イザベラ・バード『日本奥地紀行』（2000、平凡社）P327〜328
(38) ギュスターヴ・グダロー『仏蘭西人の駆けある記』（1987、まほろば書房）P22
(39) 小木新造『東京時代』（2006、講談社学術文庫）P116
(40) 今泉みね『名ごりの夢』（1963、東洋文庫）P216
(41) 益軒会編纂『益軒全集巻之三』（1911、益軒全集刊行部）所収「女大学」P686
(42) 花咲一男『江戸入浴百姿』（2004、三樹書房）P141
(43) 同書P151
(44) バード、前掲書P140
(45) 同書P146
(46) 同書P147
(47) 同書P160
(48) George Smith "Ten Weeks in Japan" (1861, Longman, Green, Longman and Roberts) P59

第3章

(1) モース、前掲書P87
(2) ハインリヒ・シュリーマン、ラファエル・パンペリー『シュリーマン日本中国旅行記　パンペリー日本踏査紀行』（1982、雄松堂書店）所収「パンペリー日本踏査紀行」

P97
(3) オリファント、前掲書P17〜18
(4) 同書P84
(5) ラインホルト・ヴェルナー『エルベ号艦長幕末記』(1990、新人物往来社) P79
(6) 同書P79〜80
(7) 柳田国男『明治大正史　世相篇』(1967、東洋文庫) P26
(8) アンベール、前掲書P111
(9) ポンペ、前掲書P306
(10) シャルル・ド・モンブラン他『モンブランの日本見聞記』(1987、新人物往来社) P64
(11) オイレンブルク、前掲書P210〜211
(12) オリファント、前掲書P103
(13) リンダウ、前掲書P42
(14) スエンソン、前掲書P43
(15) ボーヴォワール、前掲書P39
(16) エミール・ギメ『1876ボンジュールかながわ』(1977、有隣堂) P35〜36
(17) 横浜開港資料館編、前掲書P24
(18) 『オイレンブルク日本遠征記(上)』P196
(19) 横浜開港資料館編、前掲書P28
(20) ヴェルナー、前掲書P78
(21) 金井圓編訳『描かれた幕末明治』(1973、雄松堂書店) P67
(22) ボーヴォワール、前掲書P39
(23) 『オイレンブルク日本遠征記(上)』P168
(24) ギメ、前掲書P36
(25) フランシス・マクワン『日本の開国』(1996、創元社) P144
(26) 同書P144
(27) モース、前掲書P89
(28) オイレンブルク、前掲書P89
(29) ボーヴォワール、前掲書P83〜84
(30) ハリス、前掲書P161
(31) ヴェルナー、前掲書P79
(32) 申維翰『海游録』(1974、東洋文庫) P312
(33) 菅原健介『人はなぜ恥ずかしがるのか』(1998、サイエンス社) P30
(34) ジャン＝クロード・ボローニュ『羞恥の歴

史』（1994、筑摩書房）P4
(35) ハリス、前掲書P95
(36) リンダウ、前掲書P43
(37) Algernon Bertram Mitford "Tales of Old Japan" (2003, Kessinger Publishing) P42
(38) チェンバレン、前掲書P61
(39) 若桑みどり『隠された視線』（1997、岩波書店）P28〜29
(40) 渋沢栄一『渋沢栄一滞仏日記』（1928、日本史籍協会）P25
(41) タイモン・スクリーチ『春画』（1998、講談社選書メチエ）P47
(42) 宮下規久朗『刺青とヌードの美術史』（2008、日本放送出版協会）P126
(43) 同書P126
(44) ボローニュ、前掲書P51〜52
(45) 養老孟司『唯脳論』（1989、青土社）P13
(46) ルネ・デカルト『方法序説』（1953、岩波文庫）P29
(47) 河合隼雄『河合隼雄著作集8　日本人の心』（1994、岩波書店）P297
(48) 早川聞多『春画のなかの子供たち』（2000、河出書房新社）P46
(49) 同書P59
(50) 若桑みどり、前掲書P29
(51) Smith、前掲書P104
(52) 横浜開港資料館編、前掲書P30
(53) ヴェルナー、前掲書P80〜81
(54) ジョルジュ・ブスケ『日本見聞記　一』（1977、みすず書房）P94
(55) リンダウ、前掲書P42
(56) 同書P48
(57) スエンソン、前掲書P94
(58) パンペリー、前掲書P97
(59) ノルベルト・エリアス『文明化の過程　上』（1977、法政大学出版局）P68
(60) ボローニュ、前掲書P10
(61) デュル『裸体とはじらいの文化史』。同書は全編がエリアスの文明化理論に対する反論になっている。
(62) アンベール、前掲書P112
(63) ギメ、前掲書P36〜38

第4章

（1）森銑三『斎藤月岑日記鈔』（1983、汲古書院）所収「広瀬六左衛門雑記抄」P190

（2）全国公衆浴場業環境衛生同業組合連合会『公衆浴場史』（1972、全国公衆浴場業環境衛生同業組合連合会）P429

（3）吉田光邦、前掲書P142

（4）横浜開港資料館編、前掲書P38

（5）デュル、前掲書P125

（6）アンベール、前掲書P111

（7）ポンペ、前掲書P306

（8）横浜開港資料館編、前掲書P64

（9）Mitford、前掲書P42

（10）ジョン・ブラック『ヤング・ジャパン（1）』（1970、東洋文庫）P98

（11）ハイネ、前掲書P10、小沢健志編『幕末―写真の時代』（1996、ちくま学芸文庫）P16にも詳しい。

（12）同書P105

（13）林美一『艶色江戸の瓦版』（1988、河出文庫）P198

（14）下川耿史『日本エロ写真史』（1995、青弓社）P20

（15）同書P18

（16）同書P20

（17）今西一『近代日本の差別と性文化』（2004、雄山閣）P147、175

（18）若桑みどり、前掲書P60

（19）Mitford、前掲書P42

（20）以下、藤井甚太郎、尾佐竹猛『幕末明治過渡期の風俗、幕末東西風俗観』（1928、雄山閣）をもとにしている。

（21）同書P132

（22）小木新造、前掲書P116

（23）同書P115

（24）東京都編『東京市史稿　市街篇　第五十』（2001、臨川書店）P475

（25）東京都編『東京市史稿　市街篇　第六十九』（1977、東京都）P673

（26）全国公衆浴場業環境衛生同業組合連合会、前掲書P191。なお、改正湯屋取締規則には、「其構造方本則に適せさるものは、本年十月三十日限り改造す可し」とある。

(27) 武田勝蔵『風呂と湯のこぼれ話』村松書館 P39
(28) 下田開国博物館『黒船』(2004) P20
(29) 東京都編『東京市史稿 市街篇 第五十』P476
(30) 同好史談会編『漫談明治初年』(1927、春陽堂) P424
(31) 東京都編『東京市史稿 市街篇 第五十二』(2001、臨川書店) P575
(32) 小木新造他校注『日本近代思想大系23 風俗 性』(1990、岩波書店) P4
(33) 笹間良彦『図録性の日本史』(1996、雄山閣) P169
(34) 東京都編『東京市史稿 市街篇 第五十三』(2001、臨川書店) P692~708
(35) 高橋鐵『近世近代150年性風俗図史(上)』(1968、久保書店) 口絵
(36) 同好史談会編、前掲書P425~426
(37) 千葉市美術館編『文明開化の錦絵新聞』(2008、国書刊行会) P184
(38)『岩波講座 日本通史 16』(1994、岩波書店) 所収牧原憲夫「文明開化論」P256
(39) 1875(明治8)年5月20日 読売新聞
(40) 小木新造、前掲書P121
(41) 高橋鐵、前掲書P270
(42) バード、前掲書P247~248

第5章

(1) 木村毅編『ラグーザお玉自叙伝』(1980、恒文社) P54
(2) オリファント、前掲書P84
(3) ヴェルナー、前掲書P79・
(4) 篠田鉱造、前掲書P203
(5) モンブラン他、前掲書P128~129
(6) ピエル・ロチ『お菊さん』(1929、岩波文庫) P152~153
(7) 川端康成他監修『日本人の100年 5』(1972、世界文化社) P159
(8) ピエール・ロチ『お梅が三度目の春』(1952、白水社) P153
(9) 全国公衆浴場業環境衛生同業組合連合会、前掲書P124

(10) 同書、前掲書P123
(11)『日本発見18 湯けむりの里』(1980、暁教育図書)P124
(12) 権藤晋『つげ義春幻想紀行』(1998、立風書房)P88〜89
(13) 2010(平成22)年3月2日 神戸新聞
(14) アリス・ベーコン『明治日本の女たち』(2003、みすず書房)P205
(15) 石黒敬章、滝錬太郎編『明治期の海水着美人』(1997、新潮社)P145
(16) 岩崎爾郎、清水勲『明治大正諷刺漫画と世相風俗年表』(1982、自由国民社)P46
(17) 平塚らいてう『元始、女性は太陽であった―平塚らいてう自伝(上巻)』(1971、大月書店)P111
(18)『国民之友 第四巻 第三十七号』(1889、民友社)P46
(19) 1895(明治28)年4月23日 大阪朝日新聞
(20) 黒田記念館『裸体画論争』(http://www.tobunken.go.jp/kuroda/gallery/japanese/tikanjo02.html)
(21) 1895(明治28)年5月3日 日出新聞
(22) 若桑みどり、前掲書P45
(23) 黒田記念館「蹄の痕所収書簡(一)〜(九)」(http://www.tobunken.go.jp/kuroda/archive/k_biblc/japanese/essay40030.html)
(24) 1895(明治28)年5月18日 読売新聞
(25) 柳田国男、前掲書P28
(26) エリアスの代表的著作のタイトル。
(27) 若桑みどり、前掲書P45
(28) 1898(明治31)年5月12日、27日、31日 読売新聞
(29) 逸見久美『新版評伝与謝野寛晶子明治篇』(2007、八木書店)P188〜189
(30) 高橋鐵『近世近代150年性風俗図史(下)』(1969、久保書店)P57
(31) 宮下規久朗、前掲書P110
(32) 神戸市立博物館他、前掲書P19
(33) 宮下規久朗、前掲書P114
(34) 1891(明治24)年1月31日 読売新聞

第6章

（1）倉野憲司校注『古事記』（1963、岩波文庫）P26
（2）河合隼雄『昔話と日本人の心』（1982、岩波書店）第1章
（3）1901（明治34）年10月24日　国民新聞
（4）ハヴロック・エリス『羞恥心の進化』（1996、未知谷）P29
（5）高橋鐵、前掲書（下）P108
（6）小泉輝三朗『明治の犯科帳』（1967、人物往来社）P214
（7）花咲一男、前掲書P116
（8）1924（大正13）年11月11日　読売新聞
（9）1924（大正13）年11月13日　読売新聞
（10）1924（大正13）年11月12日　東京朝日新聞
（11）清水勲編著『明治の面影・フランス人画家ビゴーの世界』（2002、山川出版社）P187
（12）1919（大正8）年5月26日　読売新聞
（13）岡満男『この百年の女たち』（1983、新潮社）P105
（14）青木英夫『下着の文化史』（2000、雄山閣）P185
（15）鴨居羊子『下着ぶんか論』（1958、凡凡社）P60
（16）青木英夫、前掲書P178
（17）高橋鐵、前掲書（下）P226
（18）海野十三『海野十三全集第1巻　遺言状放送』（1990、三一書房）P209
（19）1928（昭和3）年3月28日　読売新聞
（20）1929（昭和4）年11月30日　読売新聞
（21）1930（昭和5）年11月6日　読売新聞
（22）青木英夫、前掲書P203
（23）同書P203
（24）井上章一『パンツが見える。』（2002、朝日選書）P97
（25）同書P77〜78
（26）日本ボディファッション協会編集委員会編『日本洋装下着の歴史』（1987、文化出版局）P13
（27）同書P14
（28）同書P70
（29）川端康成他監修『日本人の100年　12』

（1973、世界文化社）P183
(30) 1932（昭和7）年5月16日　読売新聞
(31) 高橋鐵『裸の美学』（1951、あまとりあ社）P83
(32) 鴨居羊子、前掲書P78

終章
（1）牧原憲夫、前掲書P256
（2）ボローニュ、前掲書P417
（3）2007（平成19）年5月19日　日本経済新聞
（4）式亭三馬、前掲書P5
（5）和田正平『裸体人類学』（1994、中公新書）P124

図版一覧

図序－1　下田の公衆浴場　“Narrative of the Expedition of an American Squadron to the China Seas and Japan”, Compiled by Francis L. Hawks, 1856, A. O. P. Nicholson, ページなし
図序－2　プロイセン遣日使節団　『シュピースのプロシア日本遠征記』グスターフ・シュピース、1934、奥川書房、口絵

図1－1　『マイ・ラスト・クルーズ』の下田公衆浴場　“My Last Cruise”, A. W. Habersham, 1857, J. B. Lippincott & Co., p.242
図1－2　軍隊の士気を高める灌水　『自由・平等・清潔』ジュリア・クセルゴン、1992、河出書房新社、口絵
図1－3　もうひとつの下田公衆浴場図　“Reise um die Erde nach Japan Band 2”, Wilhelm Heine, 2003, Adamant Media Corporation, P34
図1－4　『賢愚湊銭湯新話』挿絵の石榴口　『浮世風呂』、神保五弥、1977、毎日新聞社、p.192～193
図1－5　上方様式の石榴口　『類聚近世風俗志』喜田川守貞、1908、東京出版同志会、p.202
図1－6　ハイネの描いた石榴口　“Narrative of the Expedition of an American Squadron to the China Seas and Japan”, Compiled by Francis Hawks, 1856, A. O. P. Nicholson, ページなし
図1－7　石榴口の内部　『浮世風呂』神保五弥、1977、毎日新聞社、p.196～197
図1－8　混浴の石榴口内部　『季刊江戸春秋 9　夏の巻』林美一編著、1978、未刊江戸文学刊行会、p.53
図1－9　江戸浴戸平面図　『類聚近世風俗志』喜田川守貞、1908、東京出版同志会、p.201、207
図1－10　身体を洗う人々　『浮世風呂』神保五弥、1977、毎日新聞社、p.94～95
図1－11　洗い場の人々と傾斜する床　“Narrative of the Expedition of an American Squadron to the China Seas and Japan”, Compiled by Francis Hawks, 1856, A. O. P. Nicholson, ページなし

図2－1　鳥居清長が描く女湯　模写
図2－2　英国人が模写した公衆浴場図　"Sketches of Japanese Manners and Customs", J. M. W. Silver, 1867, Day & Son, p.47
図2－3　湯屋の看板　『類聚近世風俗志』喜田川守貞、1908、東京出版同志会、p.204
図2－4　明治初年の江戸湯屋　『日本風俗史講座第10巻』所収「風呂」中桐確太郎、1973、雄山閣出版、p.584
図2－5　『アンベール幕末日本図絵』の「江戸の銭湯」『アンベール幕末日本図絵　下』エーメ・アンベール、1970、雄松堂書店、p.30
図2－6　『世界周遊旅行』の「銭湯風景」『スイス領事の見た幕末日本』ルドルフ・リンダウ、1986、新人物往来社、口絵
図2－7　モースの描いた湯元の浴場　『日本その日その日（1）』エドワード・モース、1970、東洋文庫、p.88

図3－1　『アンベール幕末日本図絵』の馬丁　『アンベール幕末日本図絵　上』エーメ・アンベール、1969、雄松堂書店、p.14
図3－2　肌ぬぎをして化粧する女　『アンベール幕末日本図絵　上』エーメ・アンベール、1969、雄松堂書店、p.27
図3－3　モースの描いた当時の浴槽　『日本人の住まい』エドワード・モース、2004、八坂書房、p.216
図3－4　レガメーの描いた行水シーン　"Promnades Japonaises", Emile Guimet, 1878, Charpentier, p.37
図3－5　歌川国貞による「女湯喧嘩の図」『江戸入浴百姿』花咲一男、2004、三樹書房、口絵
図3－6　春画に現れる子供　『春画のなかの子供たち』早川聞多、2000、河出書房新社、p.46

図4－1　『春窓情史』に掲載されたヌード撮影の図　『艶色江戸の瓦版』林美一、1988、河出書房新社（河出文庫）、口絵
図4－2　明治時代の銭湯　『風俗画報　第74号』1894、東陽堂、p.12
図4－3　違式詿違条例の絵解き　『近世近代150年性風俗図史（上）』高橋鐵、1968、久保書店、口絵
図4－4　十二条・二十二条の絵解き　『風俗　性』小木新造他校注、1990、岩波書店、p.32
図4－5　郵便報知新聞　第七百二号　『文明開化の錦絵新聞』千葉市美

術館編、2008、国書刊行会、p.184

図5－1　ラグーザお玉が描いた京都の宿屋　『ラグーザお玉自叙伝』木村毅編、1980、恒文社、口絵
図5－2　ビゴーが描いた熱海の海水浴場　『ビゴーの世界』清水勲編著、2002、山川出版社、p.65
図5－3　ビゴーが描いた稲毛海岸の海水浴風景　『ビゴーの世界』清水勲編著、2002、山川出版社、p.75
図5－4　「蝴蝶」の挿絵　『国民之友　第37号』所収「胡蝶」、山田美妙、1889、民友社、ページなし
図5－5　「朝妝」『近世近代150年性風俗図史（上）』高橋鐵、1968、久保書店、p.247
図5－6　ビゴーが描いた「朝妝」を見る人たち　『ビゴーが見た日本人』清水勲、2001、講談社（講談社学術文庫）、p.199
図5－7　村井タバコの景品カード（吉井正彦氏提供）
図5－8　一条成美によるフランスの裸体画模写　『近世近代150年性風俗図史（下）』高橋鐵、1969、久保書店、p.57
図5－9　白馬会展出品作（黒田清輝筆）

図6－1　裸体彫刻を見る人々　1907（明治40）年3月31日　読売新聞
図6－2　女学生太股事件を報じる新聞　1924（大正13）年11月13日　読売新聞
図6－3　水着をみせる女性の登場　『漫画に描かれた明治・大正・昭和』清水勲編著、1988、教育社、p.124
図6－4　日本全国の婦人よ、パンツをはけ　『漫画に描かれた明治・大正・昭和』清水勲編著、1988、教育社、p.143
図6－5　下着ドロボー　『近世近代150年性風俗図史（下）』高橋鐵、1969、久保書店、p.226

索　引

〈か行〉

〈さ行〉

〈た行〉

〈な行〉

〈は行〉

〈ま行〉

〈や行〉

〈ら行〉

〈わ行〉

本書は二〇一〇年五月に新潮選書として刊行された。

春画のからくり　田中優子

春画では、女性の裸だけが描かれることはなく、男女の絡みが描かれる。男女が共に楽しんだであろう性表現に凝らされた趣向とは。図版多数。

江戸百夢　田中優子

世界の都市を含みこむ「るつぼ」江戸の百の図像(手拭いから彫刻まで)を縦横無尽に読み解く。平成12年度芸術選奨文部科学大臣賞、サントリー学芸賞受賞。

張形と江戸女　田中優子

江戸時代、張形は女たち自身が選び、楽しむものだった。江戸の大らかな性を春画から読み解く。図版追加。カラー口絵4頁。　（白倉敬彦）

幕末維新のこと　司馬遼太郎　関川夏央編

「幕末」について司馬さんが考えて、書いて、語ったことの真髄を一冊に。小説以外の文章・対談・講演から、激動の時代をとらえた19篇を収録。

明治国家のこと　司馬遼太郎　関川夏央編

司馬さんにとって「明治国家」とは何だったのか。西郷と大久保の対立から日露戦争まで、明治の日本人への愛情と鋭い批評眼が交差する18篇を収録。

それからの海舟　半藤一利

江戸城明け渡しの大仕事以後も旧幕臣の生活を支え、徳川家の名誉回復を果たすため新旧相撃つ明治を生き抜いた勝海舟の後半生。　（阿川弘之）

荷風さんの昭和　半藤一利

破滅へと向かう昭和前期。永井荷風は驚くべき適確さで世間の不穏な風を読み取っていた。時代風景の中に文豪の日常を描出した傑作。　（吉野俊彦）

荷風さんの戦後　半藤一利

戦後日本という時代に背を向けながらも、自身の生活を記録し続けた永井荷風。その孤高の姿を愛情溢れる筆致で描く傑作評伝。　（川本三郎）

富岡日記　和田英

ついに世界遺産登録。明治政府の威信を懸けた官営模範器械製糸場たる富岡製糸場。その工女となった「武士の娘」の貴重な記録。　（斎藤美奈子／今井幹夫）

戦前の生活　武田知弘

軍国主義、封建的、質素倹約で貧乏だったなんてウソ。意外で驚きなトピックが満載。夢と希望に溢れ、ゴシップに満ちた戦前の日本へようこそ。

反社会学講座　パオロ・マッツァリーノ

恣意的なデータを使用し、権威的な発想で人に説教する困った学問「社会学」の暴走をエンターテイメントな議論で撃つ！　真の啓蒙は笑いから。

続・反社会学講座　パオロ・マッツァリーノ

あの「反社会学」が不埒にパワーアップ。お約束と権威主義に凝り固まった学者たちを笑い飛ばし、庶民に愛と勇気を与えてくれる待望の続編。

誰も調べなかった日本文化史　パオロ・マッツァリーノ

土下座のカジュアル化、先生という敬称の由来、全国紙一面の広告。――イタリア人（自称）戯作者が、資料と統計で発見した知られざる日本の姿。

大正時代の身の上相談　カタログハウス編

他人の悩みはいつの世も蜜の味。大正時代の新聞紙上で１２９人が相談した、あきれた悩み、深刻な悩みが時代を映し出す。（小谷野敦）

万骨伝　出久根達郎

饅頭本とは葬式饅頭・紅白饅頭替わりの顕彰本・記念本である。それらを手掛かりに、忘れ去られた偉人・奇人など50人を紹介する。文庫オリジナル。

痕跡本の世界　古沢和宏

古本には前の持ち主の書き込みや手紙、袋とじなど様々な痕跡が残されている。そこから想像がかきたてられる。新たな古本の愉しみ方。帯文＝岡崎武志

四次元温泉日記　宮田珠己

迷路のような日本の温泉旅館は、アトラクション感あふれる異次元ワンダーランドだった！　名湯を巡る珍妙湯けむり紀行14篇。（新保信長）

不思議の町　根津　森まゆみ

一本の小路を入ると表通りとはうって変わって不思議な空間を見せる根津。江戸から明治期への名残りを留める町の姿と歴史を描く。（松山巖）

東京ひがし案内　森まゆみ・文　内澤旬子・イラスト

庭園、建築、旨い食べ物といっても東京の東地区は年季が入っている。日暮里、三河島、三ノ輪など38箇所を緻密なイラストと地図でご案内。

昭和前期の青春　山田風太郎

名著『戦中派不戦日記』の著者が、その生い立ちと青春を時代背景と共につづる。「太平洋戦争私観」「私と昭和」等、著者の原点がわかるエッセイ集。

事物はじまりの物語／旅行鞄のなか　吉村昭

長篇小説の取材で知り得た貴重な出来事に端を発した物語の数々。胃カメラなどを考案したパイオニアたちの話と旅先での事柄を綴ったエッセイ集の合本。

日本の村・海をひらいた人々　宮本常一

民俗学者宮本常一が、日本の山村と海、それぞれに暮らす人々の、生活の知恵と工夫をまとめた貴重な記録。フィールドワークの原点。（松山巖）

宮本常一が見た日本　佐野眞一

戦前から高度経済成長期にかけて日本中を歩き、人々の生活を記録した民俗学者、宮本常一。そのまなざしと思想、行動を追う。（橋口譲二）

新　忘れられた日本人　佐野眞一

佐野眞一がその数十年におよぶ取材で出会った、無私の人、悪党、そして怪人たち。時代の波間に消えて行った忘れえぬ人々を描き出す。（後藤正治）

暴力の日本史　南條範夫

上からの暴力は歴史を通じて常に残忍に人々を苦しめてきた。それに対する庶民の暴力はいかに興り敗れてきたか。残酷物の名手が描く。（石川忠司）

游侠奇談　子母澤寛

飯岡助五郎、笹川繁蔵、国定忠治、清水次郎長……正史に残らない俠客達の跡を取材し、実像に迫る、游俠研究の先駆的傑作。（松島榮一／高橋敏）

武士の娘　杉本鉞子　大岩美代訳

明治維新期に越後の家に生れ、厳格なしつけと礼儀作法を身につけた少女が開化期の息吹にふれて渡米、近代的女性となるまでの傑作自伝。

戦争と新聞　鈴木健二

明治の台湾出兵から太平洋戦争、湾岸戦争まで、新聞は戦争をどう伝えたか。多くの実例から、報道が孕む矛盾と果たすべき役割を考察。（佐藤卓己）

広島第二県女二年西組　関千枝子

8月6日、級友たちは勤労動員先で被爆した。突然に逝った39名それぞれの足跡をたどり、彼女らの生を鮮やかに切り取った鎮魂の書。（山中恒）

責任　ラバウルの将軍今村均　角田房子

ラバウルの軍司令官・今村均。軍部内の複雑な関係、戦地、そして戦犯としての服役。戦争の時代を生きた人間の苦悩を描き出す。（保阪正康）

誘拐　本田靖春

戦後最大の誘拐事件。残された被害者家族の絶望、犯人を生んだ貧困、刑事達の執念を描くノンフィクションの金字塔！（佐野眞一）

疵　本田靖春

戦後の渋谷を制覇したインテリヤクザ安藤組の大幹部、力道山よりも喧嘩が強いといわれた男……。伝説に彩られた男の実像を追う。（野村進）

東條英機と天皇の時代　保阪正康

日本の現代史上、避けて通ることのできない存在である東條英機。軍人から戦争指導者へ、そして極東裁判に至る生涯を通して、昭和期日本の実像に迫る。

戦中派虫けら日記　山田風太郎

〈嘘はつくまい。嘘の日記は無意味である〉。戦時下、明日の希望もなく、心身ともに飢餓状態にあった若き風太郎の心の叫び。（久世光彦）

同日同刻　山田風太郎

太平洋戦争中、人々は何を考えどう行動していたのか。敵味方の指導者、軍人、兵士、民衆の姿を膨大な資料を基に再現。（高井有一）

辺界の輝き　五木寛之　沖浦和光

サンカ、家船、遊芸民、香具師など、差別されながら漂泊に生きた人々が残したものとは？　白熱する対論の中から、日本文化の深層が見えてくる。

仏教のこころ　五木寛之

人々が仏教に求めているものとは何か、仏教はそれにどう答えてくれるのか。著者の考えをまとめた文章に、河合隼雄、玄侑宗久との対談を加えた一冊。

自力と他力　五木寛之

俗にいう「他力本願」とは正反対の思想が、真の「他力」である。真の絶望を自覚した時に、人はこの感覚に出会うのだ。

サンカの民と被差別の世界　五木寛之

歴史の基層に埋もれた、忘れられた日本を掘り起こす。漂泊に生きた海の民・山の民。身分制で賤民とされた人々。彼らが現在に問いかけるものとは。

隠れ念仏と隠し念仏　五木寛之

九州には、弾圧に耐えて守り抜かれた「隠れ念仏」があり、東北には、秘密結社のような信仰「隠し念仏」がある。知られざる日本人の信仰を探る。

宗教都市と前衛都市　五木寛之
商都大阪の底に潜む強い信仰心。国際色豊かなエネルギーが流れ込み続ける京都。現代にも息づく西の都の歴史。「隠された日本」シリーズ第三弾。

わが引揚港からニライカナイへ　五木寛之
玄洋社、そして引揚者の悲惨な歴史とは？　アジアとの往還の地・博多と、日本の原郷・沖縄。二つの土地を訪ね、作家自身の戦争体験を歴史に刻み込む。

日本幻論
漂泊者のこころ　五木寛之
幻の隠岐共和国、柳田國男と南方熊楠、人間としての蓮如像等々、非・常民文化の水脈を探り、五木文学の原点を語った衝撃の幻論集。（中沢新一）

世界史の誕生　岡田英弘
世界史はモンゴル帝国と共に始まった。東洋史と西洋史の垣根を超えた世界史を可能にした、中央ユーラシアの草原の民の活動。

日本史の誕生　岡田英弘
「倭国」から「日本国」へ。そこには中国大陸の大きな政治のうねりがあった。日本国の成立過程を東洋史の視点から捉え直す刺激的論考。

きよのさんと歩く大江戸道中記　金森敦子
江戸時代、鶴岡の裕福な商家の内儀・三井清野のゴージャスでスリリングな大観光旅行。総距離約２４２０キロ、旅程１０８日を追体験。（石川英輔）

なぜ日本人は戒名をつけるのか　島田裕巳
多くの人にとって実態のわかりにくい〈戒名〉。宗教と葬儀の第一人者が、奇妙な風習の背景にある日本仏教と日本人の特殊な関係に迫る。（水野和夫）

カムイ伝講義　田中優子
白土三平の名作漫画『カムイ伝』を通して、江戸の社会構造を新視点で読み解く。現代の階層社会の問題が見えると同時に、エコロジカルな未来も見える。

世界がわかる宗教社会学入門　橋爪大三郎
宗教なんてうさんくさい⁉　でも宗教は文化や価値観の骨格であり、それゆえ紛争のタネにもなる。世界宗教のエッセンスがわかる充実の入門書。

パンツの面目ふんどしの沽券　米原万里
キリストの下着はパンツか腰巻か？　幼い日にめばえた疑問を手がかりに、人類史上の謎に挑んだ、抱腹絶倒&禁断のエッセイ。（井上章一）

ちくま文庫

裸《はだか》はいつから恥《は》ずかしくなったか
「裸体《らたい》」の日本近代史《にほんきんだいし》

二〇一六年五月 十 日 第一刷発行
二〇二一年八月二十五日 第二刷発行

著 者 中野明（なかの・あきら）
発行者 喜入冬子
発行所 株式会社 筑摩書房
東京都台東区蔵前二―五―三 〒一一一―八七五五
電話番号 〇三―五六八七―二六〇一（代表）
装幀者 安野光雅
印刷所 中央精版印刷株式会社
製本所 中央精版印刷株式会社

ISBN978-4-480-43362-6 C0139